पंचमी

पंचमी

पंचमी

गोपाल सिंह नेपाली

राजकमल प्रकाशन

पहला संस्करण 1942 में प्रकाशित

ISBN : 978-93-6086-040-0

मूल्य : ₹795

पहला राजकमल संस्करण : 2024

प्रकाशक : राजकमल प्रकाशन प्रा. लि.
1-बी, नेताजी सुभाष मार्ग, दरियागंज
नई दिल्ली-110 002
शाखाएँ : अशोक राजपथ, साइंस कॉलेज के सामने, पटना-800 006
पहली मंज़िल, दरबारी बिल्डिंग, महात्मा गाँधी मार्ग, प्रयागराज-211 001
1, अनमोल सोराबजी सन्तुक लेन, धोबी तलाव, मरीन लाइंस, मुम्बई-400 002
वेबसाइट : www.rajkamalprakashan.com
ई-मेल : info@rajkamalprakashan.com

मुद्रक : बी.के. ऑफसेट
नवीन शाहदरा, दिल्ली-110 032

PANCHAMI
Poetry by Gopal Singh Nepali

पराग

1
मेरी एक युग की साधना

आज मेरी साहित्य साधना को कोई 13 साल होने को आए। सोचता हूँ इस एक युग में, हिन्दी-संसार को मैं क्या विचार दे सका हूँ भला! मैंने सोचा है, समझा है और एक सहृदय पाठक को कल्पित सौम्य मूर्ति सामने प्रतिष्ठित कर अनेक कविताएँ लिखी हैं—इस तरह में कौन से 'चित्र' दे सका हूँ? मेरी कौन सी रचना उनकी 'अपनी' हुई है? यदि इतना भी जान पाता कि मैंने अपनी कविताओं से उनके अगाध विचार-सिन्धु को कहीं-कहीं भी उद्वेलित किया है तो इस गरीब को एक उत्सुकता से, एक चिन्ता से छुट्टी मिल जाती; किन्तु *हमारे हिन्दी के पाठक तो पूरे 12 साल तक चुप रहकर भी जीवित रह सकने वाले जीव हैं।* काफी पढ़-सुन और समझकर भी वे हमसे सुने हुए गीत हमें अभी तक वापस नहीं लौटा सके हैं। शायद हिन्दी में अच्छी कविताओं की प्रतिध्वनि कम होती है। सुकवियों के गीत लोगों की श्रवणगुहा में बजते-बजते बन्द हो जाते हैं, चलते-चलते रुक जाते हैं, गहन तिमिर-लोक में खो जाते हैं। ऐसी स्थिति में मैं यही समझ लूँ कि मेरे ऊँचा से ऊँचा स्वर में गाए हुए गीत उनके पैरों के पास तक तो पहुँचे ही होंगे।

शुरू-शुरू में मेरी कविता-पुस्तक 'उमंग' निकली। उसमें मैंने कई 'चित्र' साहित्य-संसार को दिए हैं। उनमें से हरी घास, पीपल, पंछी, सरिता आदि तो लोगों से कुछ चर्चा पा चुके हैं। 'देहरादून के मधुर वेर' को यहाँ इसलिए याद कर लूँ कि *उनमें मिठास न भी रही*

हो तो भी स्वर्गीय 'प्रसाद' जी का स्नेह वे पा सके थे। 'उमंग' में एक कविता है 'जीवन'। यह नन्ही-सी कविता मेरा एक नन्हा सा संस्मरण है (संस्मरण शब्द जरा भारी पड़ जाएगा, किन्तु काम तो चल सकता है।) एक दफे का जिक्र है। सावन का महीना था और दिन में घनी दोपहरी के कानों में घड़ी ने अभी-अभी दो मारे थे। मैं निद्रा से जगकर सामने की हरियाली पर जा बैठा था। *मेरे सामने एक छोटा-सा शिव मन्दिर था। उसके पड़ोस में बेल का एक छोटा-सा पेड़ था। ऊँचाई में मन्दिर और बेल का पेड़ दोनों तराजू के दो पलड़ों की तरह एक सीध में आ गए थे। किन्तु बेल की एक छोटी-सी टहनी दोनों से दो हाथ ऊपर उठ गई थी*—यह तो हुआ सच, और अब देखता क्या हूँ कि मन्दिर और पेड़ से ऊँची वह पतली टहनी, और उस हिलती हुई टहनी के सबसे ऊँचे हिस्से पर आकर एक बुलबुल बैठ गई और आनन्द यह कि उसकी चोंच में एक सूखा तिनका चमक रहा था—यह था वह नाटक जिसकी छवि में थोड़ी देर पीता रहा। बुलबुल के वहाँ से तुरन्त ही उड़ जाने के पश्चात वर्षों तक वह टहनी हाथ हिला-हिला कर मुझे बतलाती रही कि एक अनुपम छवि उस दिन, उस ओर, चली गई है! चम्पारण में, और मेरे मानस-क्षितिज में भी, यह एक ऐसा स्थान है जहाँ मैं चारों ओर घूमने के पश्चात आ गया करता हूँ, शान्ति, शक्ति और सौन्दर्य के लिए।

दूसरी कविता पुस्तक निकली 'पंछी'। यह मेरे प्रभात काल की 15 मिनट की रचना है। 'पंछी' के रूप में मैंने कोई खास चीज दी ऐसा समझ लेने की धृष्टता से मैं बराबर बचता रहा हूँ। 'पंछी' मेरी एक ऐसी दृष्टि है जिसे मैंने काव्य की गम्भीर धारा में डुबकी लगाते वक्त चारों ओर फेंकी थी।

तीसरी कविता-पुस्तक है 'रागिनी'। उसकी पहली कविता की यह लाइन : *प्रथम-प्रथम ही चंचु खुली थी, पहुँच गई पंचम में।*

मेरे जीवन की उमंगों से बहुत कुछ मेल खाती है। कभी किसी दिन मेरे जीवन के एक बड़े भारी रहस्य को छूकर छोड़ दिया था। वह कथावस्तु बन-सँवर तो नहीं पाई होगी, उस पर आहिस्ते से एक ही चोट पड़ पाई :

भीतर रोना बाहर हँसनी संगिनि, जान गाया हूँ मैं
और
बादल काले ही होते हैं संगिनि, मान गया हूँ मैं
और
नाच गई काँटों में मीरा
झूम-झूम गा गए कबीरा
जग बदला मेरी बारी में
गंगा बनी गहन गम्भीरा।
इतना है कि प्रेम की वाणी अब पहचान गया हूँ मैं।

—अन्तरा (रागिनी)

'रागिनी' का यह मानचित्र भी कलम की एक ही 'स्ट्रोक' का घाव है।

चल बढ़ बची हुई टुकड़ी अब कर न विचार तनिक क्या बीता
कदम-कदम पर ताल दे रहा गरज-दमक हुंकार पलीता
मरते हैं डरपोक घरों में बाँध गले रेशम का फीता
यह तो समर, यहाँ मुट्ठी भर मिट्टी जिसने चूमी, जीता

—टुकड़ी (रागिनी)

मेरे कुछ प्रगतिशील मित्र इसे साहित्य की एक बढ़िया 'पीस' (Piece) समझते हैं। वैसे में अपने लिए यह जानना ज्यादा अच्छा समझूँगा कि मैं इसमें कोई 'चित्र' दे सका हूँ या नहीं, वाद कुछ हो, नाद चाहे कुछ हो।

हिन्दी काव्य के मानचित्रों की गैलरी में मैंने चुपचाप यह चित्र भी रख दिया था।

ऐ अनिष्ट के संगी-साथी स्वर्गों की कल्पना न कर
ऐ विनाश के नव स्फुलिंग, चन्दन तिलकों से बना न कर
अरे धृष्ट, कर जमी टोपियाँ, सीले रंग ले गेंद बना
ऐ असभ्य, ऐ उच्छृंखल, श्रृंखला बजा कर मोद मना
मरण-घड़ी, घड़ियाल बजा, उठ विद्रोही रच सुघड़ चिता
इधर खींच माचिस की सींकें, उधर सुना अपनी कविता

तंग के क्षणिक बुलबुले फूटें, चिर विप्लव का राग जगे
अट्टहास कर विग्रह, सोने की लंका में आग लगे।

—विद्रोही (रागिनी)

शायद पसन्द नहीं आया। गुस्ताखी मुआफ हुई, यही क्या कम है।

'जवानी के तीर पर' और 'अलख' ये दो कविताएँ मेरे इन्हीं मित्रों की पसन्द हैं और चूँकि इन्हीं साहित्यकारों की रुचि बढ़ते-बढ़ते जमाने की रुचि बनती-सी दिखती है, इसलिए इस सम्वन्ध में कुछ बोलना एक बड़ी भारी हथियारबन्द पलटन की लड़ाई के लिए ललकारना होगा।

'ज़ंजीर' के सम्बन्ध में पंजाब के एक स्नेही मित्र ने बधाई देते हुए लिखा था कि उन्होंने 'इधर दस साल से ऐसी सुन्दर कविता नहीं देखी। पता नहीं, वह कविता अब और 10 साल तक जी सकी है या नहीं!

'मालक की डगर पर' शीर्षक कविता तो बहुत प्रसिद्धि प्राप्त कर चुकी है। मैं उन दिनों रतलाम (मध्य भारत) में था। अक्सर वहाँ शाम को शहर से बाहर खेतों की ओर निकल जाता था। उसकी पृष्ठभूमि वहीं तैयार हुई और कविता उन्हीं दिनों प्रकाशित भी हो गई थी।

'उमंग', 'पंछी' और 'रागिनी' तक मेरे काव्य की भावधारा कम-अधिक एक ही रही है। अब 'नीलिमा' और 'पंचमी' में मैंने अपनी ही 'लेवल' (सतह) से ऊपर उठने की कोशिश की है। मेरा मानस-क्षितिज अब सर्वथा भिन्न है—इस सत्य को क्या मैं अपनी रचनाओं से पाठकों पर जमा सकूँगा?

चौथी कविता पुस्तक 'नीलिमा' है। उसकी पहली कविता है। *गगन भी नील नयन भी नील*। इस तरह की तुलनात्मक भावधाराएँ मेरी कविताओं में पहले बहुत ही कम आईं। इस संग्रह में 'गंगा किनारे' और 'दार्जिलिंग की बूँदा-बूँदी' दो विशिष्ट कलावस्तुएँ हैं जिनकी पृष्ठभूमियों के दर्शन करते समय मुझे अपूर्व आनन्द और उत्साह मिले थे। एक छवि को गान का रूप देकर दर्शन बना लेने के बाद भी वह आनन्द मुझे विलग नहीं हुआ है। दार्जिलिंग की 'पावस' को मैं जीवन का एक सौभाग्य मानता हूँ।

'नीलिमा', 'उमंग', 'पंछी' और 'रागिनी' से कुछ अधिक गहन-गम्भीर है। 'रागिनी' की कविताएँ लिखते वक्त जो अस्पष्टता मेरे गले पड़ गई थी उसने मेरा साथ 'नीलिमा' में भी नहीं छोड़ा, यों उसके

दौरे जरूर कम हुए हैं।* 'नीलिमा' के अनेक भावचित्र मुझे जीवन में बहुत कुछ जाग्रत रखते रहे हैं—

पौ फटते ही बड़े सबेरे किरण चूमकर चला हुआ हूँ
ज्योति पुत्र हूँ, हाँ ऐसा सच है कि तिमिर में पला हुआ हूँ,
बना हुआ हूँ मैं समाधि-सा, नयन-नीर सा ढला हुआ हूँ,
लाया ज्वाल कहीं से यौवन, इसी ज्वाल में जला हुआ हूँ
और
भवसागर में मेरी तरणी सौ-सौ लहरें झेल रही है
किरण एक, मुस्कान एक, इस तिमिर-सिन्धु में खेल रही है

—अस अनन्त में चुप बैठा हूँ (नीलिमा)

और

गगन का जीवन है दिनमान
जवानी है तारों की रात
गगन के आँगन से घनश्याम
मचा देते दिशि-दिशि बरसात
फेंकता जीवन पर आलोक
नयन का सहज अमन्द प्रकाश
उमड़ कर नयन गगन में मेघ
हिलाते नयनों का आकाश
गगन का चन्द्र-निकेतन नील, नयन का घर आँगन भी नील
और
गगन का नील निराला लोक
गगन का नील सिन्धु गम्भीर
नयन जैसे सागर का तीर
नयन जैसे नभ की तस्वीर
और
गगन का उड़ता आँचल नील, नयन का नीर वसन भी नील

—नीलिमा (नीलिमा)

---

* हमारे कुछ सहृदय मित्रों ने 'रागिनी' की कुछ शब्दावलियाँ और भावधाराएँ अपनाईं उनकी गुणग्राहकता की कद्र करते ही बनता है।

'तारों की रात', 'नयन जैसे सागर का तीर', 'नय जैसे नभ की तस्वीर', 'नीर-वसन' आदि नभ खिले भाव सुमन, साहित्य को अर्पित कर मैं गौरवान्वित हूँ।

'नूपुर आज बनाओ ना (अनुरोध) के लिए भी 'नीलिमा' को प्यार की निगाह से देखता रहूँगा। और 'नीलिमा' के गीत ये हैं :

आज सजनि, आरती उतारो। झपझप झपझप खेल रहा है (मंगलदीप)। कोयल मंगल गा रही आज। दबे पाँव तुम आ रानी। उग आय गगन में वही चाँद। मेरा सिर क्यों झुक जाता है। देख रहे हैं महल तमाशा। हँस उठो तो प्रात है अलि। प्रात: निशि दिन झर रहे हैं। तरु-वृक्षों की पाँति बनी यह। तुम नधुर तुम्हारा प्रेम मधुर। आदि। 'नीलिमा' का यह चित्र भी शायद ही कमी, कम से कम मेरे लिए, पुराना पड़ेगा :

है प्रसंग ऐसा, फूलों में अग्नि प्रज्वलित किया करूँ
आज कफन पर चिनगारी-सा सुलग-सुलग कर जिया करूँ

—यौवन क्या, धूलों की आँधी (नीलिमा)

'पंचमी' के रूप में अब मैं साहित्य-देवता के चरणों में पाँचवीं फूल रख रहा हूँ। इधर मैं इतनी 'स्पीड' से लिखता रहा हूँ कि इसकी कुछ कविताएँ ही मेरी वर्तमान भावधारा कही जा सकती हैं। अपनी पाँचों कविता-पुस्तकों में मुझे यह सबसे ज्यादा प्रिय, संगत और नवीन लगती है।

'पंचमी' की पहली कविता है : तुम्हें पाँचवीं बार पुकारा। 'उमंग', 'पंछी', 'रागिनी' और 'नीलिमा' के रूप में मैं पहले चार बार आवाजें लगा चुका हूँ और साहित्य-देवता के मन्दिर में यह मेरी पाँचवीं (पंचमी) आवाज (पुस्तक) है। इस कविता में मैंने जग को एक 'मन्दिर' के रूप में पेश किया है, जहाँ :

पूर्ण चन्द्र आरती उतारे
दीपक बन जल उठते तारे
धूप-धूप वन मेघ उड़ रहे
मलय-पवन नैवेद्य सँवारे
कवि मन्दिर का बना पुजारी, दीप अखंड बना ध्रुवतारा

इस संग्रह में एक कविता है। 'विशाल भारत'। इसको देखकर हमारे कुछ स्नेही चौंक उठेंगे। यह मेरी सहज-सरल राष्ट्रीय गीत लिखने की चेष्टा का परिणाम है।

'पंछी' इस कविता में मैंने पंछी सम्बन्धी अपनी अब तक की भावधारा को एक नया 'टुइस्ट' (Twist) एक नया 'टर्न' (Turn) देने का प्रयत्न किया है।

छवि का जाल : एक बार किनारे से मैंने एक मछुआरे को गहरे पानी में बहुत बड़ा जाल डालते हुए देखा था। उसी अनुभूति की कल्पना से सत्य लेकर मैंने इस कविता को विस्तार दिया है।

मेघ : इस कविता के पहले पद में अनायास राधेश्याम का रूपक आ गया है। मेघ के साथ इसका निकट-दूर का कोई रिश्ता नहीं होने पर भी पीछे से आनेवाले पदों पर इस रूपक ने जो प्रभाव डाला है उससे मैं इनकार नहीं कर सकता।

पतझड़ का चाँद : पतझड़ के मौसम में, चाँदनी रात को, मैं बड़े आनन्द से एक पावन छवि देखता रहा हूँ—उस पार पूर्ण चन्द्र खिला हुआ है, बीच में एक पेड़ है, जिसकी क्षीण पत्र-विहीन डालियाँ किसी भी पतली-पतली उँगलियाँ-सी लगती है। और कवि इस पार खड़ा उन पतली-पतली डालियों के 'थ्रू' (Through) उस पूर्ण चन्द्र को देख रहा है :

...हँस रहा चाँद उस पार
खड़ा अनुरागी कवि इस पार
बीच में तरु की नंगी डाल
घनी सूखी डालों का जाल
झर चुके जिनके सारे पात
कि ऐसी थी पतझड़ की रात
झन्न कवि-हृदय-बीन बज उठी, डाल पर आकर उलझा चाँद

स्व. रवीन्द्रनाथ ठाकुर : यह सामयिक कविता कविवर रवीन्द्रनाथ ठाकुर के स्वर्गवासी होने पर लिखी गई थी।

सावन : इन 101 रुबाइयों में मैंने नई कल्पना, नई उपमा और नई कलावस्तु देने की चेष्टा की है।

प्राची : 41 रुबाइयाँ। प्रातःकाल सूर्य अपने स्वर्णिम पर सवार होकर आता है और प्राची दिशा से कहता है :

जीवन-घट में सुधा घोल दे
नभ-आँगन का द्वार खोल दे
होकर खड़ी द्वार खोल दे
मेरा जयजयकार बोल दे।

हिमांचल : नेपाल और दार्जिलिंग में मैंने जो नयनाभिराम प्राकृतिक हृदय देखें हैं उन्हें मैंने इस कविता के पाँच चरणों में, कल्पना के सहारे ला खड़ा करने का प्रयास किया है।

वसन्त-गीत : इन पाँच गीतों में मैंने वसन्त को एक नए दृष्टिकोण से देखा है।

वन्दना गीत : प्रिय से दया की भीख माँगने के बदले इस वन्दना में प्रिय के लिए ही जागरण माँगा गया है; यह अज्ञात भय से थर-थर काँप रहे भक्तों का भजन न हो कर एक सबल प्राण की दूसरे बलिष्ठ प्राण से स्नेह-वन्दना है। और कविताओं पर नोट देने की आवश्यकता नहीं है।

2

अगला चिन्तन

आपको यह जानने की उत्सुकता होगी कि अब मेरा अगला चिन्तन क्या होगा? इन दिनों मेरी भावधारा क्या रही और अब मैं आगे क्या लिखूँगा?

अभी लिखने को बहुत है—इतना कि कभी-कभी मैं स्वयं अपने पार ही हँस पड़ता हूँ कि इतनी सारी चीजें क्या कभी लिखी भी जाएँगी? फिर मानव की गति-मति का क्या ठिकाना है। यह चलती है रुकती है, रुकती है चलती है। आनेवाला समय ही जब स्पष्ट नहीं है तो फिर उसकी रूपरेखा कैसे स्पष्ट हो सकती है।

फिर अपनी-अपनी परिस्थितियाँ अलग हैं। आनेवाले युग में परिस्थितियाँ मेरे सामने कितने दृष्टिकोण पेश करेंगी, उनमें से किसी को मैं अपना सकूँगा, यह कौन कह सकता है? जीवन-यात्रा चल रही

है। अभी कौन-कौन से अनुभव मेरी बाट जोह रहे हैं यह तो अभी मालूम है नहीं। आगे चलकर मेरे विश्वास भवन के कितने कमरे होंगे, कितनी दीवारें गिरेंगी, कितनी ईंटें खिसकेंगी, यह राज अभी खुलने को है। हाँ मेरी साधना की जो आधारशिला रही वह बदलने की नहीं। उस पर चाहे जो महल खड़ा हो, विचारों की नींव रंग पड़ चुकी है। मेरे चित्र का रेखांकन तैयार हो चुका है, अब युग जो 'सप्लाई' करे।

मैं अपने गीतों में सिकुड़-सिमट कर छिप नहीं सका हूँ—'एप्रिसिएशन' (Appreciation) मैं आपसे चाहूँगा।

किन्तु जब मैं अपने चारों ओर दृष्टि डालता हूँ तब आशा के हरे-भरे खेत नहीं दिखाई देते। बेतरतीब जंगल हैं, काँटेदार झाड़ियाँ हैं और जगह-जगह 'गैरमजरुआ जमीन' है। रेतों की कढ़ाई में अलग पक रही है। निरन्तर उठ रहे अंधड़ में मानव का भाग्य मैला हो चुका है। और चारों ओर यही शोर है : प्रचार-प्रचार-प्रचार! सचमुच नवयुग का यह दानव मानव को पछाड़कर उसकी छाती पर चढ़ बैठा है। हालत में एक कलाकार को कहाँ से प्रकाश मिले—किससे मिले, किस प्रकार मिले, किस ओर से मिले!

और 'पार्टियों' के गुर्गे लाठी तानकर तुरन्त जवाब-तलब कर रहे हैं कि क्यों थे, तू कला का पुजारी ही रह जाएगा या युग के अनुसार अब कोलाहल-प्रेमी भी बनेगा? आप ही बतलाएँ, एक गायक के हाथ में वीणा है, कंठ में एक मधुर गीत जाग उठा है, किन्तु एक सवाल उसका गला दबोच रहा है कि इनकार बीन की हो या 'कलदार' की? उसकी वीणा में आज एक मधुर गीत बजे या रुपया? उसके संगीत को कुछ प्रियदर्शन मूर्तियाँ सुनें या पागलों की भीड़? 'पतित-पावन सीताराम' के निरीह भक्तों से उसकी सत्संग हो याही 'दर्देदिल' के 'पेशेंटों' (मरीजों) के बीच बाजार में मुठभेड़? उसके गीतों में विचार हों, चिन्ताएँ हों या रोजमर्रा के खर्च की चीजों की फेहरिस्त हो? राग हो या रोटी?

फिर क्या हो, कवि गाएँ या चुप रह जाएँ? गायक अच्छे दिनों की प्रतीक्षा करें या अपनी फटी रेशमी किस्मत पर टाट का पैवन्द लगाकर भीड़ का दिल बहलाएँ?

संसार कवि से जरूरत ही श्रेष्ठ कलावस्तु चाहेगा। कवि भी तो सुन्दर-सरस संसार चाहता है।

ऐसी स्थिति में आधुनिक हिन्दी काव्य-वीणा में जो मेरा स्वर बज रहा है वह, पता नहीं, आपके लिए रोमांच है, सिहरन है, गुदगुदी है या शब्दों की दुलत्ती! हाँ, मैं एक कल्पना मजे में कर सकता हूँ और वह यह कि जाड़े की काली-सनी-डरावनी रात है। चारों ओर बर्फ पड़ रही है और उस अँधेरे में मेरा क्षीण स्वर, जाड़े से ठिठुरकर, आपके कानों के दरवाजे पर सर मार रहा है और आप हैं कि गरम-गरम रजाई की तहों के भीतर नींद के मजे ले रहे हैं। जैसे ऊपर से तेल छिड़ककर दियासलाई लगा देनेभर की देर हो।

खैर, यह प्रसंग तो ऐसे ही बीच में ढेले की तरह आ गिरा मैं बतला रहा था कि मैं क्या लिखूँगा।

एक दफे का जिक्र है। मैं कवि सम्मेलन से घर वापस लौट रहा था। रात के 12 बजे तक तो कविताएँ सुनी-सुनाई जाती रहीं। फिर खाते-पीते आराम करते 3 बजे गए और 3 होते-होते मैं घर के लिए चल पड़ा था—काली-काली सूनी रात, पंथ पंकिल और अन्धकार ऐसा कि किसी वैद्य को अपनी दवा में मिलाने के लिए भी थोड़ी-सी चाँदनी नहीं मिले! दो उत्साही स्काउट हाथ में डंडा और लालटेन लिए कोई 7 मील तक मुझे पहुँचा गए। अब घाट आ ही रहा था। चारों ओर खेत ही खेत, बीच-बीच में कोई गाँव मिल जाता था। इस कीचड़ से बचते-हटते आगे बढ़ रहे थे।

कि सामने प्राची में बाल रवि की आँखमिचौनी होने लगी। आहिस्ते-आहिस्ते मेरी आँखों के सामने से रात की काली तस्वीर हटाई जा रही थी और प्राचा में दूर, बहुत दूर, सूर्य लुकता-छिपता आ रहा था। रास्ते में चलते-चलते, यों सामने ही जीवन में अभी तक सूर्योदय कभी नहीं हुआ था; इस तरह आँखें भर-भर सूर्योदय मैंने पहले कभी नहीं देखा था कि लय से पहले आँख को पुतली के चारों ओर जैसे श्याम-नील रंगों के बीच में हल्का श्वेत रंग फूटता-फूटता रह जाता है, ठीक वैसा ही दृश्य था और अन्तिम दृश्य यह था कि कुहासे के झीने आवरण में पूर्ण स्वर्णिम सूर्य आ लगा था, जैसे नीले रंग के भीतर किसी ने एक नई अशर्फी चिपका दी हो। बीच में हृदय तो इतने सजीव-सुन्दर रहे कि उन्हें 'पेंट' करने में 'गिरा अनयन नयन बिनु बानी।'

दूसरी अनुपम छवि देखी नेपाल जाती बार : रात के 9 बजने

का समय है। अभी-अभी पहाड़ की चढ़ाई से थककर मैं एक पहाड़ी बँगले के बाहर शान्ति और सौन्दर्य की खोज में हूँ। 15 हाथ नीचे एक पहाड़ी नाला भीम वेग से बह रहा है। चारों ओर ऊँची-ऊँची पहाड़ियाँ उचक-उचक कर ताक रही हैं।

कि इतने में चन्द्रदोय होता है। चारों ओर दौड़-दौड़ कर चन्द्रमा की नटखट किरणें पहाड़ियों के 'जीवन' झलका देती हैं। मेरा कवि हैरान, अवाक्, मुग्ध, और गद्‌गद होकर चारों ओर दृष्टि फेंकता है, किन्तु चन्द्रमा का कहीं पता ही नहीं। वह पहाड़ी के उस ओर रह गया था!

ऐसे ही 'इंसपिरेशन (Inspiration) मुझे चाहिए। लिखूँगा क्यों नहीं, यही तो लिखूँगा।

बेतिया **—गोपाल सिंह नेपाली**

1 जुलाई, 1942

क्रम

पंचमी

पंचमी

उठो उठो साहित्य-देवता, तुम्हें पाँचवीं बार पुकारा
गान कंठ में लेकर कवि ने आज तुम्हारी ओर निहारा
जग का मन्दिर आज सजा है
स्वर्णिम रवि की स्वर्ण-ध्वजा है
गूँज उठी है शृंग-शृंखला
गिरि-निर्झर का वेणु बजा है
कवि ने वाणी में स्वर भर-भर दुहराया वह गान दुबारा
घन निदाघ दे जाता महिमा
नव वसन्त रूपों की सुषमा
शीत-शिशिर भर जाते सिहरन
पावस-जल आँसू की उपमा
भाव-चित्र के पट पर कवि ने वह जीवित सौन्दर्य उतारा
पूर्ण चन्द्र आरती उतारे
दीपक बन जल उठते तारे
धूप-धूम्र बन मेघ उड़ रहे
मलय-पवन नैवेघ सँवारे
कवि मन्दिर का बना पुजारी, दीप अखंड बना ध्रुवतारा

हलचल है चंचल विहंग में
प्रकृति नाचती जल-तरंग में
तपी धरणि के भाव-सुमन नव
मुकुलित-कुसुमित रंग-रंग में
आज किसी चंचल अनंग ने कवि को वन-फूलों से मारा
मानव अपनी भेंट धर रहे
पूजन-वन्दन आज कर रहे
तुम नीरव हो देव, युगों से
वेदी पर वन-फूल भर रहे
देख भीड़ भक्तों की कवि ने बार-बार तुमको ललकारा
देव, अमर तुम महिमा-मंडित
जग में मानव कुंठित-दंडित
उसके कर में एक दीप था
वह भी आज नियति से खंडित
जागो देव, तिमिर पर जग के आज बहाओ ज्योतिर्धारा
युग-मानव की मति में बोलो
संघ-संघ की गति में बोलो
कविता जाग रही, तुम जागो
जीवन की जागृति में बोलो
फूटो तुम कवि की वाणी से, तोड़ो तुम पत्थर की कारा

भोर

मारकर तुम किरणों के बाण, खिलाते नयनों के जलजात

(1)

ऊँघती होती काली रात
बुझ चुके होते नभ के दीप
चरण तब बज उठते हैं मन्द
तुम्हारे गिरि-वन कुंज-समीप
मधुर है मधुर तुम्हारा हास
आज उन गिरि-शिखरों के पार
उचट जाती है जिससे नींद
जाग उठता सोया संसार
नयन पर छिड़क ओस की बूँद जिलाते तुम वन-वन में प्रात

(2)

हँसाकर डाल-डाल में फूल
फूल में हँसते हो सुकुमार
उड़ाकर काले-काले भृंग
बसाते फूलों का संसार

भृंग का रूप तुम्हारी सूझ
फूल के रंग तुम्हारे खेल
खिलाकर फूल उड़ाकर धूल
मिलाते तुम जीवन का मेल
झुरमुटों में छिपकर चुपचाप हिलाते तुम प्राणों के पात

प्रभात-गान

आज मैं स्वर्णिम रथ पर बैठ, ज्योति की धूम मचाता चला

(1)

उच्छल झुरमुट से झुरमुट चली
जा रही थी तारों की रात
सिहरती डाल, डाल की नीड़
नीड़ के लघु-लघु तिनके-पात
खड़े थे तरु अलसित निश्शंक
घनी छाया में निद्रा लिये
रात-भर जला तिमिर को चीर
टिमटिमा रहे गगन में दिए
सरल सुमनों का सौरभ फूँक-फूँक मैं दिए बुझाता चला

(2)

किरण वन-विहगों-सी उड़ चली
किरण जल-लहरों सी खुल पड़ी
खोजती फिरी गुहा से गुहा
तिमिर को किरणों की फुलझड़ी

तिमिर भागा बनकर तरु-छाँह
चलीं किरणें तरु-तरु को छान
तिमिर बन गया सघन वन-कुंज
बनीं किरणें विहगों के गान
तिमिर का काला पर्दा चीर किरण का रास रचाता चला

(3)

शैल ने पंखों की ध्वनि सुनी
दिशाओं ने जीवन-ध्वनि सुनी
कुंज ने पग-पायल-ध्वनि सुनी
कली ने अलि-गुंजन-ध्वनि सुनी
सुना जग ने जीवन का गान
गान जो कर दे तन्द्रा भंग
जला आया जग का दिनमान
इन्हीं झिलमिल किरणों के संग
तलहटी में, घाटी में और तीर में वेणु बजाता चला

(4)

पवन को दो-दो झोंके दिये
पवन बह चली कुंज की ओर
जरा-सी मेरी मधु-मुस्कान
बन गई जीवन-वन की भोर
जगाता गत वसंत की याद
कमल-वन में नवजीवन जगा

किरण पर नन्हे पंख पसार
मधुप-दल वन-वन उड़ने लगा
मेघ पर शिखरों पर मैं खिला फूल में हँसा, हँसाता चला

(5)

पड़े सागर पर मेरे चरण
चलीं लहरें चरणों को चूम
देख इन अधरों पर मुस्कान
उठा सागर लहरों में झूम
लहरियाँ चंचल जल की उठीं
करों में अरुण बाल रवि लिये
किरण ने उन लहरों को चूम
लहर में अमर गान भर दिये
तरी मेरी इतराती चली, लहर पर मैं लहराता चला

(6)

गगन है मेरा उन्नत भाल
उषा चन्दन का टीका लाल
क्षितिज मेरे नयनों की कोर
मेघ काले-घुँघराले बाल
पवन है मेरी सुरभित साँस
साँस पर झूल रहा संसार
किरण मेरी वीणा का तार
तार पर जाग रही झंकार
मार कर किरण-तार-झंकार तिमिर पर विश्व उठाता चला

(7)

गगन में मैं चमकीली किरण
सिंधु में मैं बन रहा तरंग,
कुंज में फूल, फूल में रूप
रूप में राग, राग में रंग
किरण है स्वर्ण-देह की छाँह
लहर मेरा जीवन-संगीत
दिवस घर-आँगन का विस्तार
रात मेरे आँगन की भीत
लाँघ कर शैल श्रृंग प्रासाद, स्वर्ण की धूल उड़ाता चला।

सन्ध्या-गान

आ रही थी अँधियाली रात, और मैं दिए जलाती चली

(1)

दिवस-भर चलते-चलते थका
हो उठा रवि का आनन लाल
क्षितिज-वेदी पर कोई खड़ी
अप्सरा लिए आरती-थाल
गा रहे पंछी वंदन-गान
सघन वन-वृक्ष भक्त-से झुके
थाल में सौ-सौ पूजन-दीप
सुलगकर एक साथ जल चुके
जा रहे गगनांगन से देव, मेघ का चँवर डुलाती चली

(2)

देखते थे ऊँचे गिरि-शिखर
डूबता था जग का दिनमान
दूर सागर के जल से आज
बुझ रही किरण, अग्नि के बाण

छिटककर चिनगारियाँ जवलन्त
गगन में उड़ीं गगन में जड़ीं
गगन-वन की वे कलियाँ बनीं
ज्योति की बनीं अमर फुलझड़ी
क्षितिज-दीवट से लेकर दीप गगन के कक्ष सजाती चली

(3)

किरण थी थकित-चकित उस पार
तिमिर थी उच्छृंखल इस पार
बीच में बही जा रही मन्द-
मन्द गंगा की उज्ज्वल धार
धार पर उतर नहाई और
चली मैं खोले काले केश
पदों के नूपुर थे बज रहे
झूमता था सारा वन-देश
डाल में पात-पात में नीड़, नीड़ में विहग बसाती चला

(4)

कमल-दल जल पर कुम्हला रहे
कुमुद हँस रहे उषा-सी हँसी
दिवस के रवि-आतप पर आज
अमर सन्ध्या की सुषमा बसी
क्षितिज से उड़े चले आ रहे
तिमिर के लहराते पट-छोर

उड़ी मैं नभ में उनके संग
उड़ाती चली उन्हें चहुँ ओर
श्याम नभ के मन्दिर में आज अमर आरती जगाती चली

तारों की रात

गगन-वन में आया ऋतुराज, छबीली है तारों की रात
अमा की काली चुनरी पहन
चुरा कर पूनो की मुस्कान
चाँद की बाँकी बिंदिया बना
गुनगुनाती झींगुर के गान
मेघ से अंजलि-भर जल माँग
गगन-आँगन हाथों से लीप
घूमती कोठे-कोठे आज
जलाती द्वारे-द्वारे दीप
जवानी के जल रहे प्रदीप, रसीली है तारों की रात
बनाकर शयन-कक्ष छविमान
सजाती वन-फूलों से सेज
बना दी जिसने चुनरी श्याम
नहीं है वही चतुर रँगरेज
प्रतीक्षा में लेटी है प्रिया
मेघ पर देकर तन का भार
खिड़कियाँ खुलीं खुले हैं द्वार
दूर तक गहन तमिस्र अपार
न आए पिया गली सुनसान, अकेली है तारों की रात

वन्दना-गीत

जीवन की कृश काया पर यह सुषमा का आवरण तुम्हारा
नील-नग्न इस गगन-अंग पर तारों का आभरण तुम्हारा
प्राची दिशि में उठा बाल रवि, नभ में उड़े किरण के पंछी
निर्मल जल पर खिले कमल-दल, कमल-कमल पर चरण तुम्हारा
तुम सुन्दर शशि बनकर आए, उमड़-उमड़कर सिन्धु देखता
देख रहा नभ नखत-दीप ले, लहरों पर सन्तरण तुम्हारा
क्षिति जल पावक नभ समीर ले फूँका, छवि में प्राण आ गए
बज-बज उठता प्राण-वेणु में मोह-मंत्र मनहरण तुम्हारा
चारु चाँदनी का पट पहना, नखत-माल का देकर गहना
यौवन की उठती उमंग में किया विश्व ने वरण तुम्हारा
तुम देते ही रहे जन्म-फल, अंजलि भर-भर लिया जगत में
अश्रु मिला दे दिया तुम्हीं को जग ने पावन मरण तुम्हारा
रूप गन्ध रस लेकर तुमसे कवि ने दुनिया नई बना ली
शब्द-शब्द की स्वर-लहरी में कवि की कृति, उपकरण तुम्हारा
फूल खिले गृह-द्वार खुले हैं, आज व्योम के मार्ग धुले हैं
युग-युग से कर रहा प्रतीक्षित युग-कल्पित जागरण तुम्हारा

विशाल भारत

(राष्ट्रीय गान)

भारत अखंड भारत विशाल

(1)

उत्तर में है :

धवन हिमांचल
निर्झर चंचल
गंगा का जल
यमुना का जल
गौरी शंकर
खड़ा धरा पर
अपने सिर पर
विश्व-मुकुट धर
है चँवर डुलाती मेघ-माल
भारत अखंड भारत विशाल

(2)

दक्षिण में है :

भारत - पद - तल
नील जलोत्पल
लंका का जल
लंका का स्थल
शुद्ध चरण-जल
हरता कलिमल
करता निर्मल
निशिदिन पल-पल
संसार झुकाता जिसे भाल
भारत अखंड भारत विशाल

(3)

पूर्व दिशा में :

ब्रह्मा प्रान्तर
कानन सुन्दर
प्रातः उठकर
हँसे दिवाकर
चीन बन्धुवर
खड़ा द्वार पर
उससे मिलकर
भुज - बन्धन - भर
युग-युग से जग में है निहाल
भारत अखंड भारत विशाल

(4)

पश्चिम से है :

सिन्ध सुमंगल
स्निग्ध सिन्धु-जल
करता छल-छल
भरता कल-कल
जहाँ दिवाकर
आता थककर
जाता पीकर
जल अंजलि-भर
हो उठता आनन लाल-लाल
भारत अखंड भारत विशाल

(5)

भीतर आँगन :

भरा फूल से
स्वर्ण-धूल से
नदी-कूल से
वन-दुकूल से
जहाँ राम थे
मधुर श्याम थे
पूर्णकाम थे
शक्ति-धाम थे
डरता था जिनसे महाकाल
भारत अखंड भारत विशाल

(6)

ऊपर नभ में :

नील गगन-तल
उड़ते बादल
रवि-शशि उज्ज्वल
है तारक-दल
नीली चादर
फहरे उड़कर
गिरि-वन-तरु पर
सूखे मरु पर
फैला दिशि-दिशि सौन्दर्य-जाल
भारत अखंड भारत विशाल

(7)

भारतवासी :

जहाँ कोटि जन
जिनका जीवन
जिनका यौवन
जिनका तन-मन
सब न्योछावर
स्वतंत्रता पर
बैठे घर पर
दिए जलाकर
चन्दन करते हैं वृद्ध-बाल
भारत अखंड भारत विशाल

(8)

पुण्यभूमि यह :

मातृभूमि है
पितृभूमि है
समर-भूमि है
अमर भूमि है
जिसका कण-कण
जिसका क्षण-क्षण
जिसका जन-गण
जग को अर्पण
दृढ़व्रती सदा से नौनिहाल
भारत अखंड भारत विशाल

मेघ

खुले काले-घुँघराले बाल
चली चंचल समीर झकझोर
खुले काले-घुँघराले बाल

(1)

बजा यमुना-कदम्ब पर वेणु
मुग्ध नर-नारि, चकित वन-धेनु
सघन कुंजों की छवि अभिराम
छिपे तरु के पातों में श्याम
बाँसुरी में राधा का नाम
नयन-पट पर राधिका ललाम
अधर पर जीवनमय बाँसुरी
बाँसुरी बजी मधुर रस-भरी
बजाते श्याम, धेनु मृग मोर
खिंचे आते वंशी की ओर
मचा यमुना के तट पर शोर
उमड़ आ रही घटा घनघोर

हहर कर चली पवन झकझोर
उड़ाती घन-आँचल का छोर
हिलाती डाल झुलाती फूल
उड़ाती मेघ-सुवासित धूल
चले आए झोंकों में श्याम
खुले काले-घुँघराले बाल

(2)

मौन था शून्य नील आकाश
हाँफती तप्त ग्रीष्म वातास
कंठ में लेकर जलती प्यास
विहग थे छान रहे आकाश
बज रहे पंख थक रहे प्राण
विहग भर रहे अनन्त उड़ान
सिन्धु-जल लहरा रहा अपार
फूटती थी निर्झर की धार
किन्तु जल रही विहग की प्यास
जल रहा जीवन का उल्लास
खुले सहसा पश्चिम-नभ-द्वार
उड़े सावन-घन पंख पसार
शिशिर हेमन्त वसन्त-बहार
सभी की आज एक बौछार
उड़े बादल, उड़ रही फुहार
फुहारों में पावस-रसधार
आँख में छाया मस्त सुरूर
खुले काले-घुँघराले बाल

(3)

शिखर पर गिरि-चरणों पर मेघ
गगन में रवि-किरणों में मेघ
चले अलमस्त मेघ झुक झूम
जगत में मची मेघ की धूम
और जीवन पर छाए मेघ
समुन्दर पर मँडराए मेघ
बहाकर पावस की रसधार
गूँजने लगा मेघ मल्हार
हवा में जल बुन्दों में आज
बजे पावन सावन के साज
कि जिसमें बजा श्याम का वेणु
और राधिका-नाम का वेणु
गगन-वन में कदम्ब अभिराम
छिपा है फिर पातों में श्याम
छेड़ता अमर मेघ संगीत
मधुर है मधुर श्याम का गीत
झूमते चले आज घनश्याम
खुले काले घुँघराले बाल

(4)

उठा कोने-कोने से शोर
उमड़ छा रही घटा घनघोर
उठी नभ में सागर सी लहर
चली लहरें बूँदों में छहर

कि बूँदें थिरक रही हैं आज
बूँद की टप-टप की आवाज
नीड़ में विहग भड़भड़ा उठे
वायु में पंख फड़फड़ा उठे
कुंज के पात खड़खड़ा उठे
ग्रीष्म के पाँव लड़खड़ा उठे
उठे दल के दल श्यामल मेघ
चले दल के दल कज्जल मेघ
कि बरसी सावन में रसधार
कि सरसा सावन में संसार
लगे रहे बादल पर हिंडोल
लगे कवि, आज दोल पर दोल
कि लहरा उठे हवा में आज
खुले काले घुँघराले बाल

(5)

नींद से चौंक उठी दामिनी
थिरकती चली मेघ-कामिनी
किरण-सी क्षीण लहर-सी क्षणिक
कुसुम के मधु पराग-सी तनिक
ज्योति की कच्ची-गीली डोर
तोड़ती जिसे पवन झकझोर
टूट कर डोर सुलझती चली
मेघ से और उलझती चली
बजा सावन में मेघ-सितार

तड़ित् बन उड़ी आज झंकार
कि बिजली है न घटा घिर रही
उँगलियाँ बालों पर फिर रहीं
बिजलियाँ सावन की मुस्कान
और उस पर ऐसा तूफान
कि जमती है झमझम बरसात
डूबता दिन, वह जाती रात
दामिनी गले लिपटती चली
खुले काले-घुँघराले बाल

छवि का जाल

पड़ा है छवि का ऐसा जाल, उलझ रह गया नयन का मीन

(1)

उषा ने मला अबीर-गुलाल
कमल का गाल लाल कर दिया
उड़ाया सन्ध्या ने सिन्दूर
विहग का घर-आँगन भर दिया
प्यास लेकर आई दोपहर
बनाया प्यासा जग का हिया
सँजोए घन-आँचल से दीप
खड़ी है पथ पर रजनी-प्रिया
गगन है नील सरोवर बना, बना है चाँद गगन का मीन

(2)

कली ने मुख का घूँघट खोल
चमन में उजियाला कर दिया
पात ने बढ़कर छाकर सरल
मुकुल पर अन्तराल धर दिया

दिया निर्झर ने खग को गान
पवन ने मधु पंचम स्वर दिया
विहग ने छेड़ी ऐसी तान
तान से कुंज-कुंज भर दिया
उड़ी है मलयानिल की लहर, उड़ा है विहग पवन का मीन

(3)

कहीं सागर में उठता ज्वार
कि डूबे तीर के डूबे कूल
कहीं शिखरों पर उठता मेघ
कि बरसे बूँद कि बरसे फूल
कभी नभ पर खिल जाता चाँद
कि तरसे नयन कि तरसे हिया
कभी वन-वन फूलता वसंत
कि सरसे हिया कि सरसे जिया
चली जग में जीवन की धार, चला धारों पर मन का मीन

रूप-दीप

सुमुखि, तुम्हारे रूप-दीप में भरा हुआ इतना प्रकाश था

(1)

चहुँ दिशि छाए अन्धकार से, था जीवन में ऊब गया मैं
बही तुम्हारी ज्योतिर्धारा सहसा उसमें डूब गया मैं
जब उतराया मैं तरंग पर मंत्र-मुग्ध हो मैंने देखा
काँप रहे तेरे अधरों पर खेल रहा स्वर्णिम सुहास था

(2)

मेरे जीवन की सन्ध्या में तुम झिलमिल तारा बन आईं
मधुर तुम्हारी रूप-सुधा से झूम उठी मेरी परछाईं
किसने मेरे शून्य कक्ष में यह दीपक रख दिया जलाकर
जिसकी ज्योति-लहर में मेरा डूब रहा कल्पनाकाश था

(3)

जलता जाता था रूप-दीप, सौन्दर्य-वर्तिका उठी हुई थी
मेरे मन की तरुण चेतना उस यौवन पर लुटी हुई थी

तेरी दीप-शिखा पर मेरे नयनों की टकटकी लगी थी
मिटता था मैं सही शलभ-सा, पर उसमें कितना हुलास था

(4)

गहन अमा की अर्द्ध-रात्रि में तुम स्वप्नों से जगी हुई थीं
अलसित-चकित तुम्हारी आँखें कक्ष-कक्ष पर लगी हुई थीं
तुम प्रकाश की लहर उड़ाकर नयनों में मुस्कुरा रही थीं
मैं लहरों को भुज-बन्धन-भर खड़ा तुम्हारे आस-पास था

(5)

रूप-दीप जलता जाता था और शलभ मिटते थे जलकर
जलकर राख हुआ मैं उसमें और गिरा तेरे चरणों पर
मेरे प्राण-सुमन अब अपनी गन्ध दीप पर चढ़ा गए थे
जीवन में तुमको पाने का वह मेरा अन्तिम प्रयास था

धार पर जले लहर के दीप

(निर्झर-गान)

बना मैं झरझर निर्झर-रूप और जीवन बहता जल हुआ

(1)

डाल पर विहँस रहे थे फूल
पात पर चमक रही थी किरण
कहीं से आकर चंचल पवन
हटाती छवि पर से आवरण
मधुप फिर रहे कुंज से कुंज
उड़े खगबाल डाल से डाल
जगत में जला दीप से दीप
और भर रहा ताल से ताल
यहाँ औरों का जीवन देख, हृदय मेरा भी चंचल हुआ

(2)

चला मैं चट्टानों को फोड़
बढ़ा मैं अन्धकार को चीर
भरी जो मैंने उछल छलाँग
निकट आ गए नदी के तीर

चला मैं अपनी धुन में मस्त

जगाता कण-कण में जागरण

करों से नीर उलीच-उलीच

धो दिये मैंने जग के चरण

चमकती चन्द्र-किरण में लोट, म्लान मेरा मुख उज्ज्वल हुआ

(3)

हँसा मैं उन्मुक्तों की हँसी

फूल जल-बुन्द-बुन्द से झरे

सहज मेरी गागर से आज

लबालब कितने सागर भरे

चला मैं हहर-हहर उद्भ्रान्त

तटों पर फैला हाहाकार

गरजता था धारों में उदधि

बूँद में घुँघरू की झनकार

स्वप्न का मेरा अस्फुट गान गूँजकर कलकल-छलछल हुआ

(4)

बना मेरा यौवन विद्रोह

हुआ मेरा जीवन संघर्ष

शिला को तोड़ बाँध को लाँघ

मनाया बूँद-बूँद ने हर्ष

चला मैं जग का बन्धन तोड़

हुआ दिशि-दिशि गर्जन-रव घोर

शैल से उछल शिला पर बिछल
चला मैं अगम उदधि की ओर
घुमड़कर मैंने बाँधी भँवर, उमड़कर मैं जल-ही-जल हुआ

(5)

शैल के दामन पर से बिखर
चले जल-बुन्द हजार-हजार
सताती जग को बढ़ती प्यास
मुझे मेरे जीवन का ज्वार
बना मैं धार बना मैं भँवर
बना चंचल लहरों की लहर
किन्तु मुझको न मिला आराम
चला मैं घहर जला मैं हहर
गात से मैं तुषार-सा बना, हृदय से मैं बड़वानल हुआ

(6)

गगन के सावन-घन से छूट
गगन की गंगा की यह धार
गिरी है नभमंडल से टूट
प्रकृति है मुखरित वीणा एक
और मैं उस वीणा का तार
बजाता हूँ मैं अन्तर्गीत
तीर पर खड़ा मुग्ध संसार
धार पर जले लहर के दीप, तीर पर जग का मंगल हुआ

(7)

किसी ने समझा मेरा रुदन
किसी ने देखा मेरा हास
किसी ने पीकर मेरा अश्रु
बुझाई अपनी जलती प्यास
किसी ने डाले जल पर फूल
फूल ने जीवन का उपहार
किसी ने फेंके झुलसे पात
पात ने अपना जीवन-भार
किसी ने मारा पत्थर फेंक, नयन-तल मेरा छलछल हुआ

(8)

जगत के कोने-कोने घूम
पार कर नगर-डगर वन ग्राम
अन्त में पहुँचा सागर-तीर
जहाँ मेरे प्रियतम का धाम
हो रही थी जीवन की साँझ
हो चुका था जीवन का भोर
देखते थे नभ से नक्षत्र,
बढ़ा मैं हँसकर प्रिय की ओर
निहारा जग को अन्तिम बार और आँखों से ओझल हुआ

हिमांचल

आज धरा से ऊपर उठकर
कवि, विशाल हिमगिरि को देखो

(1)

शैल-शिला से कल-कल करती
चली एक पतली-सी धारा
बूँद है कि सन्ध्या के नभ से
झाँक रहा ज्यों झिलमिल तारा
शृंग-शृंग बाँसुरी बजाती
कंकड़ को किंकिणी बनाती
गिरि से नीचे आज उतरती
हुई सरल सुरसरि को देखो

(2)

चली गई है दूर-दूर तक
यह ऊँची-ऊँची गिरिमाला
मानव है कि पहाड़ों पर भी

उसने अपना पन्थ निकाला
मुक्त श्रृंग उन्मुक्त श्रृंखला
चलें पवन के झोंके रह-रह
गद्‌गद स्वर से गाते जाते
हुए आज नरहरि को देखो

(3)

हरे रंग के पात, फूल हैं
लाल-नील कुछ पीली डोरी
श्याम-सलोने भृंग-अंग पर
वनफूलों की बाँहें गोरी
लगा गई है उषा महावर
चन्द्र किरण चुनरी रँगती है
छवि की इस अपनी नगरी में
आज प्रकृति सुन्दरि को देखो

(4)

कोकिल की मंजुल तानों से
शैल-शिखर भी हिल जाता है
मानसरोवर का मानस भी
हिल जाता है खिल जाता है
वन-वन में ऊँचे पहाड़ पर
झाड़ी-झुरमुट में डालों पर
गान लिये तिनके के बदले
आज विहग-किन्नरि को देखो

(5)

नभ में मेघ उमड़ आया है
शिखर-शिखर पर हिम छाया है
मानसरोवर में हंसों का
एक झुंड उड़ता आया है
हिमगिरि है गजराज, धरा पर
घट भर-भर जल डाल रहा है
नभ के वन में आज गरजते
हुए मेघ-केहरि को देखो

पंछी

(1)

दो तिनकों का नीड़, बताकर तरु की नंगी डाल
गया शिशिर वन-बीच बिठाकर सुन्दर पंछी-बाल
नववसन्त ने कुंज-कुंज में भरे पात-फल-फूल
ग्रीष्म उड़ाती रही सुरभि की मधुर-सुवासित धूल
पावस में पश्चिमी पवन का खाकर शीतल झोंका
प्रथम-प्रथम जीवन में पंछी काँपा, सिहरा चौंका
और मेघ में लुकता-छिपता शरद्चन्द्र जब आया
हटकर जरा नीड़ से डोली काली-काली छाया
चूम चला शिशिकिरण उछलकर चंचल पंछी-बाल
बनकर गान चन्द्र-किरणों का उड़ा डाल से डाल

(2)

तितली ने रंगीन पर दिए कोमल प्यारे-प्यारे
छवि की एक सरल झाँकी पर नयन बने रतनारे
कलियाँ खिलती रहीं, रही छवि करती नव शृंगार
निर्झर भरता रहा उमड़कर प्राणों में झंकार

छिप-छिपकर मारे अनंग ने वन-फूलों के बाण
गाता रहा विहग, बिंधते ही रहे विहग के प्राण
मन्द-मन्द डोली पुरवाई, भरती चली सुवास
प्राची ने हँसकर दिखलाया खुला-धवल आकाश
क्षितिज-रेख पर उठा कमल-सा अरुण-तरुण दिनमान
पंछी गाता उड़ा गगन में नव प्रभात के गान

(3)

सागर नील नील नभमंडल, यह अनन्त विस्तार
पड़ा नीड़-सा नील गगन की गोदी में संसार
नगर-डगर तरु-नीड़ बनाना छूट चले सब नीचे
एक पात-सा पंछी आगे, आँधी आती पीछे
चारों ओर दूर तक फैला नीला-नीला जाल
और चाहता आज उलझना पागल पंछी-बाल
खोज रहा है व्याकुल होकर स्वर्गंगा की धारा
एक बूँद-सा लगता झिलमिल उसको सन्ध्या-तारा
रवि है नीड़ क्षितिज डाली है, नभ वन-सा दिखलाता
विहग चंचु में लिए किरण का तिनका उड़ता जाता
आँखों में भर अमर पिपासा, पाँखों में तूफान
पंछी गाता उड़ा गगन में आज विजय के गान

प्रतिध्वनि

मैं सरिता के कलकल-स्वर में अपना ही गायन सुनता हूँ
चली जा रहीं चपल लहरियाँ
थिरक रही हैं जल की परियाँ
कलकल-छलछल से मुखरित हो
उठीं धरा की शैल-शिखरियाँ
तट पर जल की बूँद-बूँद में पग-पायल की ध्वनि सुनता हूँ
नववसन्त वन में आता है
झुरमुट से पंछी गाता है
कोकिल का पंचम-स्वर वन के
मन की कली खिला जाता है
मैं अपने झंकृत प्राणों में कोकिल का कूजन सुनता हूँ
निशि में उग आते हैं तारे
ये फूलों के गजरे न्यारे
पड़ा-पड़ा सुख की शय्या पर
मैं अपनी आँखें हूँ मारे
इस काली सुनसान रात में तारों का रोदन सुनता हूँ
पूनो में घूँघट-पट खोले
मन्द-मन्द विधु-वदनी डोले

संग-संग खेलते नखत-दल
शशि इठला-इठला कर बोले
मैं उसके गोरे हाथों के कंगन का खन-खन सुनता हूँ
निशि में पथ के घने चीड़ में
सो जाते हैं विहग नीड़ में
आते स्वप्न सरल, मिल जाते
नभ-तारों की घनी भीड़ में
छाया में कुछ दीख न पड़ता, झींगुर का झनझन सुनता हूँ
चलती शीतल-मन्द समीरण
आज कँपाती सघन वेणु-वन
वृन्त-वृन्त में पत्र-पत्र में
भर-भर जाती कम्पन-सिहरन
आज वेणु के कुंज-कुंज में मधुर वेणु-वादन सुनता हूँ
एक रूप है चन्द्र-वदन में
एक रूप रवि के आनन में
अमित रूप रस गन्ध भरे जग
वन में, वन के सुमन-सुमन में
अनगिन रूप धरे भृंगों का वन-वन में गुंजन सुनता हूँ
मेघ घिरे, घिर रही अमावस
दिवस फिरे, फिर रही श्यामनिशि
पावस जीवन-रस बरसाती
क्षितिज तिरे, तिर रही दशों दिशि
उमड़ रहे श्यामल घन में मैं अन्तर का गर्जन सुनता हूँ

जीवन और कला

विश्व का जीवन है मध्याह्न, कला है तारोंवाली रात

(1)

विश्व-जीवन है तरु की डाल
कला है कली कला है फूल
कला है सन्ध्या का नक्षत्र
विश्व-जीवन धूमिल गोधूलि
विश्व-जीवन उत्ताल तरंग
विश्व-जीवन सागर गम्भीर
कला जल पर लहरों की रेख
कला है कूल कला है तीर
विश्व-जीवन है जल का कुंड कला है श्वेत-नील जलजात

(2)

विश्व-जीवन नीचे झुक झूम
जमी, क्षण-भर झमझम बरसात
पात पर तिरती जल की बूँद
कला है कमल कमल के पात

बूँद है जीवन का अनुरूप
बूँद की कला थिरकती चाल
विश्व-जीवन दो भोले नयन
कला है नयन-सरित्-जल-जाल
विश्व-जीवन है मुखरित बीन, कला है उँगली के आघात

लहरियाँ

मचल चलीं उद्दाम लहरियाँ
झूम मेघ-सा चूम सिन्धु-पद
मचल चलीं उद्दाम लहरियाँ

(1)

सागर की लहरें लहराईं
सन्ध्या वेणु बजाती आई
मन्द पड़ा दिन का कोलाहल
श्याम रंग में रँगा सिन्धु-जल
श्याम सिन्धु-जल श्याम गगन-तल
श्यामल दिग्वधुओं का अंचल
सिन्धु, कूल के चरण पखारे
श्याम गगन में निकले तारे
छूकर सागर का चंचल जल
चन्द्र पूर्व में निकला उज्ज्वल
सिरहाने रक्खे दर्पण-सा
नारी के अंजलि-अर्पण-सा

फुल्ल कुसुम-सा श्वेत कमल-सा
मुख उज्ज्वल-सा अमल-विमल-सा
उगा लहर पर पूर्ण चन्द्र बन
जगा द्विजों का वेद-मंत्र बन
चहुँदिशि भरती चलीं भाँवरी
ठुमुक-ठुमुककर जल-सुन्दरियाँ

(2)

सागर है फेनों से उज्ज्वल
सागर है लहरों से चंचल
वृद्ध यती के जटा-जाल-सा
उमड़ी-घुमड़ी घटा-चाल-सा
उलझ रहे घन पद्म-नाल-सा
निद्रा-जाग्रत महाकाल-सा
चंचल सागर खेल रहा है
सौ-सौ लहरें झेल रहा है
गलबाँही डाले सागर पर
वारि-राशि में रूप-राशि भर
उछल रहीं उद्दाम लहरियाँ
बिछल रहीं उद्दाम लहरियाँ
बज उठते हैं नूपुर उनके
झंकृत होता सागर सुनके
ज्यों लहरों पर मन्द चरण धर
चलती कोई नारि झूमकर
हिलमिलकर जलकेलि रचातीं,
धूम मचातीं जल-किन्नरियाँ

(3)

झूम चलीं उद्दाम लहरियाँ
घूम चलीं अभिराम लहरियाँ
लहरों में शशि-छवि को बाँधे
मन में अमर साधना साधे
आहट से तूफान उड़ाए
बाँह विश्व की ओर बढ़ाए
प्रतिपल प्रतिक्षण आगे बढ़तीं
गिरि पर चट्टानों पर चढ़तीं
खेल रही हैं जल-सुन्दरियाँ
खेल रही हैं जल-किन्नरियाँ
मधुर स्वप्न-सी मधु निद्रा-सी
जीवन की प्रगल्भ तन्द्रा-सी
आई स्वप्निल सम्मोहन बन
झंझा-सी कठोर, कोमल तन
यौवन उनका दुर्निवार है
उच्छृंखल है धुआँधार है
नाच रहा है शिव-सा सागर
नाच रही हैं जल की परियाँ

वसन्त-गीत

(1)

अलि आज घूमता है
वन की गली-गली में
हँसती कली-कली में
गुंजार-काकली में
गुलजार रँगरली में
अलि आज घूमता है
हँसमुख वसन्त आया
फैली मनोज्ञ माया
खग ने वसन्त गाया
जो मन्द गुनगुनाया
अलि आज झूमता है
पीकर सुरा सुरभि की
वन की किशोर छवि की
वाणी वसन्त-कवि की
बढ़ स्वर्ण-रश्मि रवि की
अलि आज चूमता है

(2)

अलि आज बोलता है

चंचल मलय-पवन से
तरु वल्लरी सघन से
वन के सुमन-सुमन से
नव प्रेम की लगन से

अलि आज बोलता है

सावन सघन सरस-सा
आगत नए बरस-सा
कुछ झुटपुटे दिवस-सा
मधु से भरे कलश-सा

अलि आज डोलता है

ऋतु आज पूर्णिमा-सी
दक्षिण पवन सुरा-सी
सोए निकुंज-वासी
परदेश का प्रवासी

अलि द्वार खोलता है

(3)

अलि आज खेलता है

उमड़े वसन्त-रस से
आगत नए बरस से
सुख के प्रथम दिवस से
ऋतु की नई वयस से

अलि आज खेलता है

दिन-भर मचल-मचलकर
मन में उमंग भर-भर
पाटल-कपोल सुन्दर
अपने चपल अधर पर

अलि आज झेलता है

झरता अजस्र निर्झर
हँसता सुनील अम्बर
करता निकुंज मरमर
वन-वन वसंत गाकर

अलि रस उड़ेलता है

(4)

अलि आज भूलता है

नीलाभ छवि गगन की
माया किसी नयन की
दृढ़ता किशोर मन की
छवि पर नए सुमन की

अलि आज भूलता है

रस से वसन्त सींचे
वन-फूल मधु उलीचे
संसार आँख मींचे
तरु-वृन्त-पत्र नीचे

अलि आज फूलता है

झूले तरंग जैसे
झूले उमंग जैसे
झूले अनंग जैसे
छवि-रूप-संग वैसे
अलि आज झूलता है

(5)

अलि आज हेरता है
घन रूप का उमड़ता
सुषमा-विहंग उड़ता
शोभा-प्रवाह चढ़ता
सौन्दर्य-जाल बढ़ता
अलि आज हेरता है
उस रूप को मचलकर
आँखें तृषित बिछाकर
वंशी बजा-बजाकर
लघु पंख फड़फड़ाकर
अलि आज घेरता है
घट से सुरा चुराए
छवि से सुधा चुराए
जग से दिवा चुराए
दिन से उषा चुराए
अलि आज टेरता है

वन-वन उमंग जागी

(गीत)

श्यामल किशोर छाया
मेरे झुके नयन की
श्यामल किशोर छाया

(1)

जब तुम वसन्त बनकर
मेरे समीप आए
उत्फुल्ल प्राण मेरे
बन फूल मुस्कुराए
तेरी छटा-क्षितिज पर
उतरी विभावरी-सी
मेरे झुके नयन की
श्यामल किशोर छाया

(2)

वन-वन लता सघन तरु
गाती वसन्त कोकिल
मधु गन्ध अन्ध वन में
भरते प्रसून खिल-खिल

लेकर हिलोर सिहरी
नव आम्र-मंजरी-सी
मेरे चकित नयन की
श्यामल किशोर छाया

(3)

तुम श्याम भृंग बनकर
वन-वन किशोर, घूमे
सब साथ ही तुम्हारे
वन के प्रसून झूमे
कुछ मन्द-मन्द डोली
नव-सुमन-पाँखुरी-सी
मेरे खिले नयन की
श्यामल किशोर छाया

(4)

वन-वन उमंग जागी
वन-वन विहंग जागे
ले बाण वन-कुसुम के
तरु-तरु अनंग जागे
भूली रही सरल सुधि
उद्भ्रान्त निर्झरी-सी
मेरे चकित नयन की
श्यामल किशोर छाया

पतझड़ में भी आना

मधुऋतु में जैसे तुम आए, पतझड़ में भी आना
पीले झरते हुए पात का गाना सुनते जाना

(1)

तुम आए इस बार चमन में आई नई जवानी
फूलों ने देखा, चमका है टहनी-टहनी पानी
तुम आए अल्हड़ मस्ती में झूमीं क्यारी-क्यारी
दिल खटका, आँखों ने गुल की जो तस्वीर उतारी
देखोगे उस बार चमन का आँधी में उड़ जाना
मधुऋतु में जैसे तुम आए, पतझड़ में भी आना

(2)

फूलों से ऊपर भी कोई दुनिया एक बसी है
जिसकी किस्मत पर कुदरत भी रोई और हँसी है
वह दुनिया है अंगारों से जल-जल बुझनेवाली
वह दुनिया छलछल आँसू से बुझ-बुझ जलनेवाली
धू-धू कर जल चुके चिता जब आना आग बुझाना
मधुऋतु में जैसे तुम आए, पतझड़ में भी आना

(3)

तुम आए खिल उठी चाँदनी, धीमे पड़े सितारे
चला तुम्हारे पीछे आलम, हम रह गए किनारे
काली रात घनी अँधियारी जब आलम में आए
एक निराला नया चाँद बन कब तुम हँसते आए
कभी अँधेरे में भी आना चिनगारियाँ उड़ाना
मधुऋतु में जैसे तुम आए पतझड़ में भी आना

(4)

तुम आए चल दिया चूमकर कदम तुम्हारा झरना
रेतों पर देखो तो उसका हँसना और बिखरना
खेल-खेल खो गई रेत में जब वह धार अकेली
उठा सकी क्या उसे तुम्हारी तब यह बन्द हथेली
जब मैं खो जाऊँ तब आना, आँधी-पानी लाना
मधुऋतु में जैसे तुम आए, पतझड़ में भी आना

(5)

लहरों में बहते-बहते अब मुझको होश नहीं है
इस बेहोशी में भी मेरा दिल खामोश नहीं है
दिल चुप हो, सारे आलम में जब खामोशी छाए
कहीं पास से तब मुझको तुम क्यों न बुलाते आए
पास बैठना खामोशी में गाना, दर्द जगाना
मधुऋतु में जैसे तुम आए, पतझड़ में भी आना

(6)

उछल-उछल ऊँची मौजों पर मेरी नाव चली है
टूटी थी पतवार पुरानी, अबकी पाल जली है
घाट उतरने को अब मेरी यह मझधार बनेगी
यह टूटी पतवार चलेगी, जलती पाल तनेगी
डुबकी लेते ही आ जाना, बढ़ती लहर मिटाना
मधुऋतु में जैसे तुम आए, पतझड़ में भी आना।

पतझड़ का चाँद

डाल पर आकर उलझा चाँद
हँस रही थी पूनी की रात
डाल पर आकर उलझा चाँद

(1)

न गर्मी थी, न सजल बरसात
आ गई थी पतझड़ की रात
झर चुक थे वसंत के फूल
उड़ रही थी वन-वन में धूल
धूल से भौंरे लिपटे हुए
नग्न डालों से चिमटे हुए
खोजते थे निज भूला गान
अभी तक आशा में नादान
सो रही थी उनकी गुंजार
जग रहा वन में हाहाकार
पवन थी साँय-साँय चल रही
कुटी मधुऋतु की थी जल रही

कि आई वन में झंझावात
न तरु में फूल न तरु में पात
खड़ी नंगी-अधनंगी डाल
कि तरु सूखी डालों का जाल
झर चुके थे पतझड़ में पात
डाल पर आकर उलझा चाँद

(2)

हवा से बिखर पड़ी थी घटा
गगन की निखर उठी थी छटा
छटा-पतला-झीना आवरण
घटा-ज्यों हलके-हलके चरण
कि आई थी पूनो की रात
कि छाई थी पूनो की रात
चाँद की फैली झिलमिल ज्योति
उड़ाते फिरते थे खद्योत
तान कर तारों का छवि-जाल
खेलते हँसमुख जुगनू-बाल
चाँद था घूम रहा अलमस्त
चाँद था झूम रहा अलमस्त
तरंगित उच्छल पारावार
उठ रहा था सागर में ज्वार
कि घन में छिपा चाँद मुख चूम
लहरियाँ उठीं नशे में झूम
कर उठे थे झींगुर झनकार
डाल पर आकर उलझा चाँद

(3)

दिवानी वह पूनो की रात
जवानी वह पूनो की रात
कि हँसता तन्द्रा में भी विश्व
कि जगता निद्रा में भी विश्व
कि जुगनू बन उड़ते हैं स्वप्न
कि तारे बन जुड़ते हैं स्वप्न
गगन में नन्हे बादल-दोल
पवन में आज रहे हैं डोल
कि जैसे डोल उठे वन-कुंज
कि जैसे डोल उठे तम-पुंज
और हँस रहा चाँद उस पार
खड़ा अनुरागी कवि इस पार
बीच में तरु की नंगी डाल
घनी सूखी डालों का जाल
झर चुके जिनके सारे पात
कि ऐसी थी पतझड़ की रात
झन्नकवि-हृदय-बीन बज उठी
डाल पर आकर उलझा चाँद

आधी रात

कूकती कोयल आधी रात
सिहर उठते वसन्त के प्राण
कूकती कोयल आधी रात

(1)

पूर्ण था पूनो का मधुचन्द्र
विश्व का जीवन-नाद अमन्द्र
हो रही जग में आधी रात
लोरियाँ गाती दक्षिण वात
नींद में झूल रहा था विश्व
स्वप्न में भूल रहा था विश्व
अलस थे नयन खुले-अधखुले
प्रकृति के प्राण सुरभि से धुले
बाग की कुंज-गली सुनसान
कंठ में मौन विहग के गान
चीखता रह-रह एक चकोर
पवन की आई मन्द झकोर

पर्ण-कुटिया की खिड़की खोल
कोकिला उठी पवन में बोल
हिल उठा रजनी का आवरण
कि झनके तारों के आभरण
आम्र-शाखा पर बैठी आज
कूकती कोयल आधी रात

(2)

सुरभि की प्रथम लहर के संग
चली मधुऋतु की नई उमंग
बसी पंछी के स्वर में आज
हँसी फूलों के घर में आज
कि वन-वन फूल रहे हैं फूल
कि उड़ती सरस सुरभि की धूल
कि जिनकी मधुर-मधुर मुस्कान
बन रही कंठ-कंठ के गान
चला रवि ज्यों ही पश्चिम आज
किरण-पंखों से उतरी साँझ
द्वार पर दीप जलाती फिरी
कक्ष में घटा धूम्र की घिरी
अलस है तन्द्रिल जग है मौन
चाँदनी का जगमग है मौन
बत्तियाँ नववसन्त की जलीं
कोकिला बन पतंग उड़ चली

हिया में उठी विरह की हूक
कूकती कोयल आधी रात

(3)

कोकिला गाती है बेजार
आँख में नींद नहीं इस बार
पात में तरु में वन में आज
पिकी के चंचल मन में आज
लगी है शीतलता की आग
रही कोयल दाहों से जाग
जागती मन में मस्ती लिए
भागती अपनी हस्ती लिए
डाल से डाल पात से पात
छोड़ती उसे न आधी रात
कि जब सोए सारा संसार
जगे उसके मन हाहाकार
चीखकर मचा रही वह शोर
चीखकर कर देगी वह भोर
कि जब झलकेगा म्लान दिगन्त
जगेगा! वन-वन सरस वसन्त
अचानक मेघ-खंड को देख
कूकती कोयल आधी रात

प्राची

(1)

जीवन-घट में सुधा घोल दे
नभ-आँगन का द्वार खोल दे
हो कर खड़ी द्वार पर नभ के
मेरा जय-जयकार बोल दे

(2)

प्राणों की मधु-मुरली टेरो
अपनी दृष्टि उठा कर हेरो
आज रूप का पंछी उड़ता
उसको नयन-गगन में घेरो

(3)

निद्रित अलसित आँखें मींचो
हिम-कण से मेरा पथ सींचो
मेरा स्वर्णिम रथ आता है
पथ से तम का पर्दा खींचो

(4)

नेह विश्व से लगा रहा हूँ
अन्धकार को भगा रहा हूँ
कक्ष कक्ष में मैं प्रकाश बन
दिग्वधुओं को जगा रहा हूँ

(5)

अधरों में मुस्कान लिए मैं
हाथों में दिनमान लिए मैं
आया हूँ इस बार तुम्हारे
नव जीवन का गान लिए मैं

(6)

सुन्दरता तन की सम्हाल दी
फूलों की जयमाल डाल दी
लहर उड़ा मैंने प्रकाश की
अम्बर में अवनी उछाल दी

(7)

मेरे रथ की गति तूफानी
और किरण की नई जवानी
सुनी हुई सी लगती होगी
तुमको मेरी अमर कहानी

(8)

गान बनी पैरों की आहट
हलचल मची जगत में घट-घट
मैं लाया सोने की गागर
प्राची, तुम जीवन की पनघट

(9)

नव प्रभात यह फूट रहा है
अम्बर का पथ टूट रहा है
उड़ा जा रहा रथ, लगाम भी
इन हाथों से छूट रहा है

(10)

मेघ फटे हलकी हिलोर से
प्रतिध्वनि लौटी धरा-छोर से
गूँज उठे अवनी औ' अम्बर
प्राची, तुम हँस पड़ी जोर से

(11)

कुंज-कुंज में डोल रही है
द्वार क्षितिज के खोल रही है
देखो प्राची, आज धरा पर
किरण हमारी बोल रही है

(12)

यह दुनिया है मेरी माया
जग में मैं आया, दिन आया।
चूम-चूम मेरी किरणों ने
छाया को संसार बनाया

(13)

आज जवानी में अवनी है
सुधा-सनी है किरण-छनी है
लहरों पर मेरे प्रकाश की
आज धरा यह नाव बनी है

(14)

नभ है नील श्याम जगती है
मेरी कूँची जग रँगती है
किरणों का परिधान पहन कर
धरा अप्सरा-सी लगती है

(15)

इन किरणों में मधु है, जल है
मेरे तरुण हृदय का बल है
हैं प्रकाश के फूल किरण ये
इनमें उमड़ रहा परिमल है

(16)

किरण-बाण मेरा छूटेगा
और धरा का तम लूटेगा
मीठी चोट पड़ेगी, जग के
तरुण हृदय से रस फूटेगा

(17)

किरण-हास निखरा गिरिवर में
किरण-लाल निखरा निर्झर में
किरण-जाल में फँसी धरा यह
चली आ रही है अम्बर में

(18)

वन-वन में पंछी गायेंगे
जीवन में स्वर भर लायेंगे
क्षणभर में प्रकाश होगा सखि
नभ के दीपक बुझ जायेंगे

(19)

छिटकी है सखि ज्योति रूप की
और वायु में गन्ध धूप की
मैं आया तो धूम मची सखि
जगती में मेरे स्वरूप की

(20)

अम्बर ऊँचा अवनी नीची
मैंने जग की सीमा खींची
सखि, तुम जगकर उठ बैठी हो
अँगड़ाई ले रही प्रतीची

(21)

चला प्रभंजन चँवर डुलाता
चला मेघ दुन्दुभी बजाता
मैं घन-वन में लुकता-छिपता
जीवन वेणु बजाता आता

(22)

जागृति में आभास किरण का
दिशा-दिशा में हास किरण का
आज धरा के कुंज-कुंज में
चल सखि, होगा रास किरण का

(23)

सरिता में उठ रहीं लहरियाँ
नाच रही हैं जल की परियाँ
गागर भर-भर जल उड़ेलती
तीरों पर जल की सुन्दरियाँ

(24)

श्रृंग - श्रृंग बज रही मुरलिया
शैल-शैल गाती कोयलिया
आज यहीं पर तरु-तमाल में
बैठा होगा मोहन छलिया

(25)

लो, प्रभात फूटा है प्राची
कंठहार टूटा है प्राची
निद्रा में मणि-बन्ध तुम्हारा
शय्या पर छूटा है प्राची

(26)

यह किरणों का वेश सम्हालो
धूप-छाँह का देश सम्हालो
निर्मल सरसी के दर्पण में
सखि, मेघों के केश सम्हालो

(27)

हिम-कण से युग नयन धुला लो
कनक-किरण से देह छुला लो
सखि गाओ मंगलाचरण शुभ
कुंज-कुंज से विहग बुला लो

(28)

चल सखि, सुन्दर धरा-देश में
कलित प्रकृति के ललित वेश में
स्वर्ण किरण के फूल गूँथ ले
सखि, मेघों के श्याम केश में

(29)

जल-बुन्दों की पायल डाले
किरणों का गलहार बना ले
अरुण उषा के मुखमंडल पर
छाया का घूँघट सरका ले

(30)

यह प्रकाश का उत्सव देखो
यह जीवन का उद्‌भव देखो
देकर भार क्षितिज पर प्राची
यह सुन्दर यह अभिनव देखो

(31)

हिम-कण-सी करुणा बिखेर दे
सखि, प्राणों से आज टेर दे
अलकें हटा उठा कर पलकें
आज धरा की ओर हेर दे

(32)

मेरे प्राण तुम्हीं से शीतल
तुम मेरी किरणों से उज्ज्वल
हम दोनों के ज्योति-नृत्य से
जल-थल में अम्बर में हलचल

(33)

दिग्वधुओं को उठो पुकारो
कक्ष-कक्ष को चलो सँवारो
अभी प्रतीची सोई, उसको
किरणों के फूलों से मारो

(34)

मैंने बाण किरण का मारा
गगन-सिन्धु में डूबा तारा
चलो सजनि, उस पार सुनूँगा
आज जागरण गान तुम्हारा

(35)

सखि, मेरा जीवन प्रकाश है
और सुवासित पवन साँस है
पर मेरे जल रहे कंठ में
कण-कण की उद्दाम प्यास है

(36)

सखि, तुम आज प्रभाती गाओ
क्षण-भर मेरा मन बहलाओ
धारों पर मेरे प्रकाश की
उठो सजनि, जग को नहलाओ

(37)

तिमिर राच्छन्न जगत का अंचल
मेरी किरण बनी उड़ु चंचल
कज्जल-श्यामल धरा नयन-सी
मेरी किरण अश्रु-सी छलछल

(38)

जाता तुमको तम पुकारता
लुक-छिप कर तरु से निहारता
किरण-बाल मेरा उच्छृंखल
सखि, उसका घूँघट उतारता

(39)

जग से कह दो-दिनकर आया
जग के मन का तमहर आया
स्वर्ण प्रभात लिए अधरों पर
उठो, उठो ज्योतिर्धर आया

(40)

चल सखि चल, कोकिल गाती है
वन-वन में बहार आती है
मधुप-नयन की कमल-रूप की
याद मुझे तड़पा जाती है

(41)

चलो सजनि, उजियाला कर दें
रंग-रूप निर्मल-सुन्दर दें
कुंज-कुंज को डाल-डाल को
जीवन के गीतों से भर दें

मेघ उठे सखि, काले-काले

पश्चिम नभ में कोलाहल कर मेघ उठे सखि, काले-काले

(1)

उमड़ रहे उस पार क्षितिज पर आज सघन घन श्यामल-श्यामल
हलचल मचा रहे उड़-उड़कर पंछी-दल-से मेघों के दल
रोमांचित है मंत्रमुग्ध है जल-थल गगन अखिल भूमंडल
ज्वार उठा, उठ चलीं हिलोरें, आज गगन का सागर चंचल
सारा जग दोलायमान है ज्यों सागर में लहर उठा ले
पश्चिम नभ में धूम मचाकर मेघ उठे सखि, काले-काले

(2)

आँखें चमक उठीं मस्ती से मंत्रमुग्ध प्यासी वसुधा की
पाई उसने बूँद-बूँद में एक अनूठी झलक सुधा की
एक ओर जलधार प्रवाहित, एक ओर बूँदों की झाँकी
मेघों में लुक-छिपकर कोई सुरा उड़ेल रहा है साकी
झूम रहे हैं पावस रस में कुंज-लता तरुवर मतवाले
नभ-मंडल में दुन्द बाँधकर मेघ उठे सखि, काले-काले

(3)

नीचे छाई है हरियाली, श्याम मेघ-माला है ऊपर
नभ में गरज रहे हैं बादल, थिरक रही हैं बूँदें भू पर
कवि के मन में एक प्रश्न यह चिन्तित करता है उठ-उठकर
किस प्रिय का यह गर्जन-तर्जन, कौन प्रिया का आँसू झर-झर
आँखों-आँखों में हँसते हैं 'पी-पी' रटन लगाने वाले
नील गगन में उमड़-घुमड़कर मेघ उठे सखि, काले-काले

सावन

(1)

जीवन की माया है सावन
आँखों में छाया है सावन
काले मेघों के पहले ही
झोंकों में आया है सावन?

(2)

मेरा पंछी नभ में घूमे
किरणों के तिनकों को चूमे
मेरा जीवन सावन बनकर
इन नन्ही बूँदों में झूमे

(3)

सावन है आज बना बादल
सावन, घन की बिजली चंचल
है आज किसी की आँखों में
आँसू बनकर सावन छलछल

(4)

आँसू आँखों को धोता हो
जीवन सावन-सा होता हो
नभ की गोदी में पड़ा श्याम
घन रुँधे गले से रोता हो

(5)

झोंका-झोंका श्यामल घन है
श्यामल घन जग का यौवन है
गर्जन में बिजली बोल रही
तर्जन में चित्रित सावन है

(6)

सावन आता जलधार लिए
बूँदों में पारावार लिए
आता मेघों की वीणा में
रिमझिम की मृदु झंकार लिए

(7)

पावस-ऋतु की रसधार लिए
जल-फूलों का उपहार लिए
आता सावन ताजे गुलाब-
जल की रसभरी फुहार लिए

(8)

ऊपर श्यामल घन को देखो
नीचे वन-आँगन को देखो
लघु-लघु लहरों में थिरक रही
बूँदों में सावन को देखो

(9)

चातक-दल उठा पुकार लिए
अपने प्रिय की मनुहार लिए
घन-वन में बोल उठा सावन
दो नयनों में जलधार लिए

(10)

चहुँ दिशि मतवाला घन घूमे
उमड़े-घुमड़े गरजे झूमे
उत्फुल्ल प्रकृति के गालों को
झोंके दे-दे सावन चूमे

(11)

सावन-घन आज गरजता है
दिल पहली बार लरजता है
जल बरस रहा थल बरस रहा
सावन-घन आज बरसता है

(12)

वन-फूल उमंगों में फूले
सावन के आज लगे झूले
जो झूले सावन-झूलों में
वह जीवन के झूले भूले

(13)

दृग में सूखी जलधार लिए
तन में उजड़ा शृंगार लिए
सौ बार पुकार उठी धरणी
अन्तर में हाहाकार लिए

(14)

मन में आनन्द अपार लिए
जीवन में प्रेम-पुकार लिए
धरणी को देखा सावन ने
दो आँखों में जलधार लिए

(15)

धरणी बोली रसधार लिए
सावन बोला जलधार लिए
सावन में दोनों ही बोले
दृग में नवीन संसार लिए

(16)

धरणी पर सावन-घन बरसे
धरणी पर जीवन-घन बरसे
सावन-घन में जीवन-घन में
अविरल दो करुण नयन बरसे

(17)

नभ में घनश्याम घना देखो
पावस का धनुष तना देखो
सावन के झोंके-झोंके को
सागर का ज्वार बना देखो

(18)

सावन आया तूफान लिए
घन आया पासव-गान लिए
हँसती आई बिजली अधरों
पर सावन की मुस्कान लिए

(19)

सुख प्राण-पपीहा के मन में
नाचे मयूर जीवन-वन में
बूँदों में मृदु झंकार उठी
बिजली के तार बजे घन में

(20)

थर-थर काँपी धरणी मन में
पंछी भी जाग उठे वन में
निद्रा टूटी तन्द्रा छूटी
बिजली के तार बजे घन में

(21)

हँस पड़ी उषा श्यामल घन में
दिन झाँक गया इस सावन में
नभ के बुझते जल उठे दिए
बिजली के तार बजे घन में

(22)

तारे चमके जल के कण में
कुटियों के दीप बुझे क्षण में
हिल उठी धरा काँपा अम्बर
बिजली के तार बजे घन में

(23)

कम्पन सर-सरिता के तन में
सिहरन निर्झर के यौवन में
सागर का प्याला छलक पड़ा
बिजली के तार बजे घन में

(24)

आभरण बजा जग के तन में
आवरण हुआ जग के तन में
सोई जगती का रूप दिखा
बिजली के तार बजे घन में

(25)

ऋतु नाची जग के आँगन में
जग झूमा-नाचा सावन में
कुछ मेघ झुके कुछ धरा बढ़ी
वीणा के तार बजे घन में

(26)

लो श्याम मेघ-माला देखो
तूफान उठा काला देखो
लट खोले धरणी के पीछे
श्यामल घन मतवाला देखो

(27)

सावन गाए घन-गर्जन में
सावन नाचे घन-तर्जन में
बूँदों में घुँघरू बोल रहा
वीणा के तार बजे घन में

(28)

झंकार गूँजती है वन में
है शोर मचा जग-आँगन में
जल की परियाँ हैं नाच रहीं
वीणा के तार बजे घन में

(29)

रिमझिम है नीरव-निर्जन में
छवि है झमझम में झनझन में
वर्षा-मंगल का उत्सव है
वीणा के तार बजे घन में

(30)

सुषमा बूँदों की रिमझिम में
महिमा वर्षा की झमझम में
देखो उद्दाम जवानी की
उपमा क्षण-भर तुम पश्चिम में

(31)

जिसकी जुल्फें बादल काला
जिसका है सागर मधुप्याला
सावन के दो-दो झोंकों में
वह झूम रहा पीने वाला

(32)

यह दुनिया जिसका कौतूहल
यह बादल-दल जिसकी हलचल
उस मस्त रसिक के प्याले में
कुछ छलका है कलकल-छलछल

(33)

बूँदों में जिसके करुणा-कण
जल में जिसके अंजलि-अर्पण
आ पहुँचा द्वारों के बाहर
बज उठे उसी के युगल-चरण

(34)

लहरों में मन चंचल देखो
धारों में दृग छलछल देखो
सावन में देखो तो उसका
बिजली में मुखमंडल देखो

(35)

वह हँसता है वह रोता है
मन उसका सावन होता है
अम्बर में तारों के नीचे
बादल-दल पर वह सोता है

(36)

वर्षा से भूधर भीग रहे
कानन के तरुवर भीग रहे
कम्पित तरु-पातों के नीचे
पंछी के भी पर भीग रहे

(37)

नभ के नीलाम्बर भीग रहे
वन के पीताम्बर भीग रहे
सावन की बूँदाबूँदी में
चातक के भी स्वर भीग रहे

(38)

मेघों में जग-जीवन डोले
बूँदों में नवयौवन डोले
मेघों की शीतल छाया में
झुरमुट बनकर सावन डोले

(39)

घनश्याम बना है नटनागर
घनराशि बना चंचल सागर
घन बरस रहे रस बरस रहे
छलछल है धरणी की गागर

(40)

जीवन है नभ की श्याम घटा
सावन है घन की श्याम छटा
बिजली में शशि को बाँध रही
है आज किसी की श्याम जटा

(41)

कोई छवि चली उमंगों में
कोई छवि हिली तरंगों में
वह आया जिसकी छाया है
घन-इन्द्रधनुष के रंगों में

(42)

जीवन निशि में जग जाग रहा
दो बूँद मेघ से माँग रहा
प्याला भर-भर लाए बादल
दो प्यालों में जग भाग रहा

(43)

घनमाला सुधा-कलश-सी है
पावस-ऋतु जीवन-रस-सी है
सावन का दिन है रात बना
सावन की रात दिवस-सी है

(44)

जिसने घन में मस्ती भर दी
जिसने दुनिया झिलमिल कर दी
उसने झंझा के हाथों में
यह बिजली की बत्ती धर दी

(45)

धरणी की साध हुई पूरी
छाई आँखों में अंगूरी
हैं इन्द्रधनुष पुल बाँध रहे
मिट रही धरा-नभ की दूरी

(46)

जल की धारों में घर मेरा
सागर-ज्वारों में घर मेरा
मुखरित है बादल-वीणा की
मृदु, झंकारों में घर मेरा

(47)

मैं श्यामल घन को देख रहा
अपने जीवन को देख रहा
जो सावन कवि-कविता-सा है
मैं उस सावन को देख रहा

(48)

सावन आया है अम्बर में
सावन छाया है अम्बर में
उसको सावन से पहचानो
जिसने गाया है अम्बर में

(49)

घन-गर्जन में जिसका गुरु स्वर
तर्जन में जिसकी ज्योति अमर
वह छिपा मेघ में बिजली बन
मेरी कूँची में रंग भरकर

(50)

मैंने माँगा कुछ अम्बर से
संसार जरा हर्षे-सरसे
सावन में तुम बरसे तो पर
मेरे जीवन, इतना बरसे

(51)

निज हृदय-कथा मैं कह न सका
लहरें असंख्य मैं सह न सका
बन रहा चित्र था, हाथों में
कूँची थामें मैं रह न सका

(52)

कूँची छूटी माया छूटी
रंगों की लघु प्याली फूटी
युग से आँखों में बसी हुई
तस्वीर बन रही थी, टूटी

(53)

मेरा तन काँपा मन सिहरा
छू लेते ही जीवन सिहरा
मैं पी न सका, मैं रख न सका
प्याला तुमने इतना न भरा

(54)

जग के तन पर आवरण हरा
जगती का यौवन-कलश भरा
घन-प्रिय के अविरल आँसू से
जगती का मुखमंडल निरखरा

(55)

यह घटा उठी है झंझा-सी
जलधार उमड़ती गंगा-सी
जल-बुन्द किरण-से चमक रहे
घनमाला छाई सन्ध्या-सी

(56)

सावन में द्रवित गगन रोता
सावन में मेघ मगन रोता
रोता जब सावन साथ-साथ
जग के मन का पाहन रोता

(57)

मैं मुग्ध विकट बादल-दल पर
मैं मुग्ध दामिनी चंचल पर
अपनी आँखों का अश्रु पोंछ
मैं मुग्ध मेघ-करुणा-जल पर

(58)

अम्बर में बादल डोल रहे
अम्बर में बादल बोल रहे
अपने जीवन का शत बन्धन
अम्बर में बादल खोल रहे

(59)

मानो सावन में जीवन है
मानो सावन में यौवन है
पहचानो सावन की आँखें
मानो सावन का भी मन है

(60)

करुणा तुम घन से पाए हो
जीवन सावन से पाए हो
मानो तुम अपनी आँखों में
बस दो बूँदें ले पाए हो

(61)

कब तुम जलधार, नयन, बरसे
जीवन से हार, नयन, बरसे
कह दो जीवन में सावन बन
तुम कितनी बार, नयन, बरसे

(62)

नभ-तल को घन श्यामल रोके
मुझको मेरा दृग-जल रोके
चंचल-उद्वेलित सागर को
लहरों-ज्वारों का बल रोके

(63)

सावन-घन क्या कहता होगा
जग-जीवन क्या कहता होगा
बह रहे दिवस, निशि डूब रही
जग का मन क्या कहता होगा

(64)

आँसू-जल को लोचन बाँधे
वर्षा को श्यामल घन बाँधे
बाँधे जीवन प्यासे जग को
जग-जीवन को सावन बाँधे

(65)

घन के कलशों में जल डोले
घन में बिजली चंचल डोले
झोंके खाकर चल रही पवन
श्यामल घन का आँचल डोले

(66)

उस पार चमकता रवि घन के
इस पार दिवस-निशि सावन के
बूँदें बनकर आ रही किरण
काले बादल से छन-छन के

(67)

सावन में ऋतु-वसन्त बोली
घन-कुंजों में कोकिल डोली
जग कमल बना है खिला हुआ
बादल है भौंरों की टोली

(68)

कोई खोजे उसको मन में
कोई खोजे उसको वन में
प्रेयसी प्रकृति खोजे उसको
बिजली के दीप जला घन में

(69)

दिन जाते-जाते रुकता है
जगती मन में उत्सुकता है
खुल जातीं जुल्फें बँधी हुई
जब मेघ धरा पर झुकता है

(70)

कोने में क्षितिज सिमट जाता
धरणी को देख चिमट जाता
जब आँखों में जलधार लिए
सागर से मेघ लिपट जाता

(71)

जग को निदाघ ने ललकारा
घन आए लिए सुधा-धारा
सावन-अनंग ने धरणी को
वर्षा के फूलों से मारा

(72)

कह दो गहरा है नील गगन
कह दो गहरा है सिन्धु मगन
कह दो तुम, कौन उमड़ता है
सागर का जल या मेघ-नयन

(73)

नभ में यह बादल क्यों छाया
जल देकर उसने क्या पाया
ये कौन नयन मेरे जैसे
जिनमें जल-सिन्धु उमड़ आया

(74)

मन अपना अम्बर भर लाता
घन अपनी गागर भर लाता
सावन अपनी घन-सागर में
छलकाकर सागर भर लाता

(75)

झंझा में आज हिया काँपे
झोंकों में क्षीण दिया काँपे
लो, देखो मेरे नयनों की
वर्षा में प्राण-पिया काँपे

(76)

वर्षा आँसू से मिलती है
बूँदों में कलिका खिलती है
नीलाभ गगन के नयनों में
सावन-घन की छवि हिलती है

(77)

काले बादल आते-जाते
अपनी छाया से चौंकाते
मेरे नयनों की डोर खींच
फिर बिजली बनकर मुस्काते

(78)

बादल से बादल मिलता है
मानस का शतदल खिलता है
बुझ जाते बिजली के दीपक
आँचल से आँचल हिलता है

(79)

घन-छवि ने आँखों को बाँधा
मन-खग की पाँखों को बाँधा
देखो तो श्यामा के श्यामल
आँचल ने लाखों को बाँधा

(80)

जग को घनमाला घेर रही
ममता से सुख से टेर रही
दामिनी खड़ी शोभा अपनी
जल के दर्पण में हेर रही

(81)

प्रासाद बना ऊँचा अम्बर
बूँदों की लटकी है झालर
बादल का तना चँदोवा है
तूफान डुलाता मेघ-चँवर

(82)

बूँदों में तारों को देखे
सरिता में धारों को देखे
दामिनी हाथ में दीप लिए
सागर के ज्वारों को देखे

(83)

घनमाला उड़ती जाती है
ऊपर को चढ़ती जाती है
धरणी पर अम्बर के नीचे
यह छाया बढ़ती जाती है

(84)

देखो उसको श्यामल पट में
देखो मेघों की आहट में
चाँदनी धवल दामिनी बनी
मुस्कुरा रही घन-घूँघट में

(85)

बूँदों में झरते हरसिंगार
बूँदों में टूटे कंठहार
बूँदों में बादल-वीणा के
बज रहे काँप कर तार-तार

(86)

जल-थल श्यामल घन से हारे
खग-दल घन-गर्जन से हारे
रूपाभ धरा के नयन-कमल
सौरभ में सावन से हारे

(87)

सावन ने आज धरा नापी
जल से भर दिया धरा-वापी
छिपकर आँखों ही आँखों में
रोता है मेरा मन पापी

(88)

देखो, गम्भीर भरा बादल
देखो तो पीर-भरा बादल
डगमग-डगमग करता आता
नयनों का नीर-भरा बादल

(89)

आँसू से लोचन धुलता है
पानी का बन्धन खुलता है
आँखों की छाया-माया से
सावन-घन मिलता-जुलता है

(90)

तूफानों से बादल आगे
आँधी-अन्धड़ से जल आगे
सरिता तो है पीछे, उससे
उकसा कलकल-छलछल आगे

(91)

घनमाला झूम रही काली
उद्दाम घटा है मतवाली
सावन की समा अमावस है
दामिनी बनी है दीवाली

(92)

काले बादल मेरी काया
सावन मेरी जीवन-माया
बिजली में मेरा प्राण-दीप
प्रिय का पथ चमकाता आया

(93)

यह सावन की जलधार मधुर
यह सावन की रसधार मधुर
बूँदों में मेरे जीवन की
वीणा की है झंकार मधुर

(94)

परछाईं बनकर आए हो
काले घन में तुम छाए हो
उसको खोजूँ मैं बिजली में
बादल में जिसे छिपाए हो

(95)

सन्ध्या-सा मेघों का छाना
झींगुर-सा रिमझिम का गाना
जब जलते बिजली के दीपक
बूँदें बन जातीं परवाना

(96)

नीले नभ में बादल उड़ता
बादल में है आँचल उड़ता
आँचल के हलके झोंके में
वर्षा का मंगल-जल उड़ता

(97)

मैं रिमझिम में सावन देखूँ
मैं बूँदों में जीवन देखूँ
दुनिया देखे बादल काले
मैं अपना ही यौवन देखूँ

(98)

जब काले मेघ उड़ाना था
मेघों में जल भर लाना था
तब क्या तुमको तूफानों में
प्राणों का दीप जलाना था

(99)

लो, काला बादल आता है
नभ में तूफान मचाता है
बिजली में मेरे प्राणों का
पंछी तो उड़ता जाता है

(100)

आँधी में गोते खाता है
अन्धड़ में दौड़ लगाता है
बिजली में मेरे प्राणों का
पंछी तो उड़ता जाता है

(101)

वन्दन गाते बादल काले
लो, दीप दामिनी ने बाले
सुन्दरी प्रकृति है खड़ी गले
में श्याम मेघ-माला डाले

तीर लक्ष्य पर छूट चुका है

(परिचय)

उड़-उड़कर गा रहे विहग जो
वह मेरा ही अमर गान है

(1)

मैं वसन्त हूँ, कुंज-कुंज में
मेरा ही पीताम्बर उड़ता
निर्झर की उद्दाम लहर में
मेरा यौवन फूट उमड़ता
मेरे पुलकित रोम-रोम से
तरु के पात हिले वन-वन में
डालों पर गा रहे विहग जो
वह मेरा ही अमर गान है

(2)

वन-कुंजों में लुकता-छिपता
अन्धकार भागा जाता है

लेकर बाण किरण का कोई
अम्बर में दौड़ा आता है
निज होंठों से लगा क्षितिज का
प्याला मैं मुस्कुरा पड़ा था
वही रात-भर सोए जग की
अलसित आँखों में विहान है

(3)

सागर की उत्ताल तरंगें
अग-जग को ललकार उठी थीं
बूँद-बूँद की भरी जवानी
थी, मन में हुंकार उठी थीं
कोई समझ रहे, सागर में
उठता है तूफान गजब का
वह तो क्षण-भर जरा मौज में
आया मेरा दिल जवान है

(4)

नभ की नीली-सी चादर में
तारों के मणि-रत्न जड़े हैं
विहग कल्पना के उड़ते हैं
द्वारा व्योम के खुले पड़े हैं
किसी समय मैंने जीवन में
सुख-स्वप्नों का जाल बुना था

दुनिया की आँखों पर छाकर
वही साँवला आसमान है

(5)

इस जीवन को गंगा मानो
जिसकी शान्त-सरल जलधारा
यौवन की चंचल उमंग में
डुबा चली जो कूल-किनारा
मैं गाता हूँ झूम-झूमकर
नभ में मेघ उमड़ आए हैं
मैं हूँ इधर, उधर तुम, मुझको
और किसी का नहीं ध्यान है

(6)

मेरे मन का दीप जलाकर
चला गया है कोई बाहर
जलता हूँ मैं इसी दीप से
जग के सारे दीप जलाकर
जलते जाते दीप साथ में
बुझते जाते एक-एक कर
मेरे भाग्य-पत्र पर साथी
लिखा हुआ ऐसा विधान है

(7)

दुनिया है अपनी बहार पर
धूम मची है नगर-नगर में
मैं राही हूँ और अकेला
चला जा रहा शून्य डगर में
यौवन की पहली उमंग में
मैंने भी थे तीर सम्हाले
तीर लक्ष्य पर छूट चुका है
हाथों में खाली कमान है

(8)

तारे हैं सुख-दुख के साथी
नभ-आँगन के रवि-शशि प्रहरी
साँझ-सबेरा जीवन भरते
प्यास लिए आती दोपहरी
अम्बर में तारों के नीचे
मेरा कक्ष बना है सुन्दर
जिसके आँगन में पर फैला
उड़ता मेघों का विमान है

(9)

तारे हैं झिलमिल अति सुन्दर
पर वे दिन में छिप जाते हैं

गिरिवर ये ऊँचे विशाल हैं
पर वे गीत नहीं गाते हैं
खिलते हैं ये फूल मनोहर
पर रह जाते हैं खिलकर ही
यह उद्दाम जवानी वाला
निर्झर ही मेरे समान है

(10)

इस जग को तुम मन्दिर जानो
कवि को मानो एक पुजारी
प्राणों का नैवेद्य चढ़ाने
चली जा रही है नर-नारी
कवि की रुँधी हुई वाणी से
इस मन्दिर के पत्थर जागे
धूप-गन्ध तारों की उड़ती
तना चाँदनी का वितान है

(11)

धरणी की उन्नत छाती पर
जीवन-सागर घहराता है
ऊपर झंझा की झकोर है
नीचे सागर लहराता है
नभ के नीचे धरा, धरा के
नीचे बूँद बना मैं जल में

ऐसी ही चंचल - उद्वेलित
लहरों पर मेरा मकान है

(12)

जग तो है युग-युग की पूँजी
जीवन क्षण-भंगुर दो दिन का
हम हैं विहग उड़े जाते हैं
तूफानों में बनकर तिनका
दुनिया में जीवन है केवल
एक बूँद का क्षणिक झूमना
वर्षा-बाद फटे बादल-सा
सुन लो, यह सारा जहान है

(13)

मैं घन में दामिनी बना था
मैं वन में ऋतुराज बना था
मैं विशाल ऊँची गिरिवर के
सिर पर हिम का ताज बना था
एक बार सुन्दर प्रभात में
मैंने अरुण उषा को चूमा
उसकी लाली गई नहीं है
अधरों पर उसका निशान है

(14)

मैंने देखा है, पावस में
घन बन बोल उठी थी धरणी
सावन में मधु-भरे कलश-सा
डगमग डोल उठी थी धरणी
यह संसार खुली पुस्तक है
जिसके अक्षर बोल रहे हैं
इस पुस्तक के पृष्ठ-पृष्ठ पर
लिखा हुआ मेरा बयान है

नन्ही बूँदें

सावन मनभावन जगा आज, ये नन्ही बूँदें बरस रहीं
आँगन-आँगन में झूम-झमक गा रहीं, गीत दे दरस रहीं
वन की इन निर्जन गलियों में
दुबकी-सकुचाई कलियों में
उमड़ा पावस-रस, मची धूम
मधु पीने वाले अलियों में
मिलकर समीर के झोंकों में ये मचल-उछलकर बरस रहीं
तरु-कुंजों पर तृण-पातों पर
फूलों के झुलसे गातों पर
बरसे तुम सावन, खूब आज
प्रेमी मन के आघातों पर
बन एक बूँद की लाख-लाख उद्‌भ्रान्त हृदय को परस रहीं
ये बूँदें हैं आकाश-कुसुम
ये बूँदें पावस के कुंकुम
मैंने देखा अपनी आँखों
इन बूँदों में सावन हो तुम
तुम, जो कि छिपे थे बादल में, जिनको थीं आँखें तरस रहीं

कवि

मैं दीपक-सा जल रहा आज अन्तर में हाहाकार लिए
जग ऊँघ रहा है तिमिर बना सुख-स्वप्नों का संसार लिए
जग रास रचाए जाता है
जग हास बिछाए जाता है
क्षण-भर आनन्द-विलासों की
जग धूम मचाए जाता है
मैं जग के सुख से अलग खड़ा, वाणी में जय-जयकार लिए
जग को दुख है, जग रोता है
कुछ पाता है, सब खोता है
युग-ईश्वर की बलि-वेदी पर
जग बार-बार बलि होता है
मैं जग के दुख में शामिल हूँ इन आँखों में जलधार लिए
जग का निकुंज है शूल-भरा
जीवन का दामन धूल-भरा
हँसकर वसन्त दे गया चमन
सूखे-मुरझाए, फूल - भरा
कवि बुलबुल बनकर चीख उठा दृग में उजड़ा शृंगार लिए

जग बेखबरों की बस्ती है
चलते झोंकों की हस्ती है
आँसू-बन-बन जो ढुलक पड़े
जग वह आँखों की मस्ती है
डाली-डाली में फूल हँसे, टहनी-टहनी पतझार लिए
जीवन लेकर रवि आता है
जीवन देकर रवि जाता है
मादक पूनो का पूर्णचन्द्र
छवि रूप लुटा मुस्काता है
कवि आता है जग की वीणा में प्राणों की झंकार लिए
नित कल्प तिमिर का है अपार
बढ़ता जाता है अन्धकार
कवि आता संध्या-दीप लिए
झिलमिल कर जाता द्वार-द्वार
आँधी में भी वे दीप खड़े अपनी लौ में ललकार लिए
जो कम्पन वीणा-तारों में
वह सिहरन बना सितारों में
रोमांच उषा का, संध्या की
पग-पायल की झंकारों में
मैं घन बनकर छाया नभ में झोंकों में पारावार लिए
जग श्याम मेघ की माला है
जीवन बिजली-उजियाला है
कवि दृश्यों के उस पार खड़ा
तूफान उठाने वाला है
मैं रह न सका चुप जीवन में चंचल सागर का ज्वार लिए

जग कमल बना सरसी-जल का
जीवन है रूप मधुप-दल का
शुभ श्वेत कमल के पातों पर
सरसी का निर्मल जल छलका
कवि रवि बनकर उठ आता है कर में किरणों का हार लिए

विश्व-सुन्दरी

जल रहा तुम्हारा रूप-दीप
भर रहा विश्व तन की बाती
जल रहा तुम्हारा रूप-दीप

(1)

कुन्तल में बाँधे श्याम घटा
नयनों में नभ की नील छटा
अधरों पर बालारुण-रंजन
मृदु आनन में शशि-नीराजन
भौंहों में साधे क्षितिज-रेख
तुम अपनी रचना रहीं देख
हाथों में विश्व-कमल सुन्दर
मधु-मधुर कंठ में कोकिल-स्वर
पग में जल-बुन्दों का नूपुर
जल में नूपुर-ध्वनि मन्द-मधुर
आँचल में तरु की छाँह लिए
मन में उमंग-उत्साह लिए

अपनी गागर में सागर भर
तुम चलीं झूमकर इतराकर
बज उठीं पायलें रुनुन-झुनुन
जग पड़ा विश्व जीवन-ध्वनि सुन
है आज उजाला दिगदिगन्त
जल रहा तुम्हारा रूप-दीप

(2)

जगती में हाहाकार उठा
मानव सन्तप्त पुकार उठा
तुम आईं मेघों पर चढ़कर
बरसाते हुए फूल भू पर
अलमस्त बजाते हुए बीन
झंकार-मग्न रागिनी-लीन
सुन्दरी, तुम्हारे कुसुम-बाण
उड़ चले चूमने प्राण-प्राण
दिशि-दिशि से जय-जयकार उठा
जग का सितार झंकार उठा
उड़ चले रूप रस गन्ध अन्ध
खोलते हृदय के द्वार बन्द
दक्षिण से मस्त बयार चली
घन-घूँघट जरा उघार चली
जग झूम उठा मुखछवि निहार
जग चूम सका बस एक बार
नित विकल विश्व के प्राण जला
जल रहा तुम्हारा रूप-दीप

(3)

तुम गौर वर्ण, पट पीत-श्याम
शोभा-सुषमा नयनाभिराम
पूर्णिमा तुम्हारे हँसने में
ॠतुराज तुम्हारे बसने में
लेकर प्यालों में सुधा-गरल
सुन्दरि, तुम चलतीं मचल-उछल
पीतीं हँसकर तुम मधुर सुधा
दुर्दान्त गरल पीती वसुधा
लेकर हाथों में जन्म-मरण
कर रहीं विश्व को आज वरण
तुम कहीं बजातीं जन्म-चरण
तुम कहीं सजातीं प्राण-हरण
चल रहा तुम्हारा नर्तन-क्रम
पद चूम रहे हैं बल-विक्रम?
तारे असंख्य जुगनू अनेक
उर्वशी विश्व-सुन्दरी एक
जग तम-सा बैठा ऊँघ रहा
जल रहा तुम्हारा रूप-दीप

यह दिल खोल तुम्हारा हँसना

(गीत)

प्रिये, तुम्हारी इन आँखों में मेरा जीवन बोल रहा है

बोलें मधुप फूल की बोली, बोले चाँद समझ लें तारे
गा-गाकर मधुगीत प्रीति के, सिन्धु किसी के चरण पखारे
यह पापी भी क्यों न तुम्हारा मनमोहन मुख-चन्द्र निहारे
प्रिये, तुम्हारी इन आँखों में मेरा जीवन बोल रहा है

देखा मैंने, एक बूँद से ढका जरा आँखों का कोना
थी मन में कुछ पीर तुम्हारे, पर न कहीं कुछ रोना-धोना
मेरे लिए बहुत काफी है आँखों का यह 'डबडब' होना
साथ तुम्हारी एक बूँद के मेरा जीवन डोल रहा है

कोई होगी और गगन में तारक-दीप जलानेवाली
कोई होगी और फूल में सुन्दर चित्र बनानेवाली
तुम न चाँदनी, तुम न अमावस, सखि, तुम तो ऊषा की लाली
यह दिल खोल तुम्हारा हँसना मेरा बन्धन खोल रहा है

तुम मेरे सुख से डरती हो

(गीत)

तुम मुझमें जीवन भरती हो
बनकर गान क्षणिक सुख-दुख के
तुम मुझको मुखरित करती हो

(1)

मेरा तन सूखा वन-तरु है
मेरा जीवन विस्तृत मरु है
तुम अपने शीतल आँचल से
जन्म-ताप मेरा हरती हो

(2)

जन्म-जन्म की प्यास लिए हूँ
मैं प्यासों की आस लिए हूँ
बनकर निर्झरिणी अजस्त्र तुम
मेरी अंजलि में झरती हो

(3)

मैं तो हूँ मिट्टी की प्याली
जो भरने के पहले खाली
मेरी प्राण-सुधा, तुम अपनी
प्याली में बरबस ढरती हो

(4)

पूनो की चाँदनी घनी तुम
मेरे दुख से दुखी बनीं तुम
दीप लिए, सुन्दर हाथों में
तुम मेरे सुख से डरती हो

(5)

मेरा जीवन गहन अमा है
अँधियाले का बँधा समा है
तुम मेरी सुनसान डगर में
तारों के दीपक धरती हो

(6)

मैं क्या हूँ—यह कौतुक सारा
मेरा सब कुछ दिया तुम्हारा
मुझ पर नहीं, आन पर अपनी
जन्म-जन्म से तुम मरती हो

तुम मेरी वन्दना न मानो

(अनुरोध)

मुझको रवि की किरण न मानो
अपनी ही मुस्कान मान लो

(1)

मैं हूँ तिमिर, ज्योति है सारा
जल - थल निखिल व्योम यह उज्ज्वल
जगकर आज देखता हूँ इस
चकाचौंध को विस्मित पल-पल
मैं हूँ मौन किशोर चन्द्र की
मुख-छवि पर टकटकी लगाए
मेरे इस निस्पन्द मौन को
तरुण तपी का ध्यान मान लो

(2)

मैं न समर की विजय-पताका
जो अम्बर में फहराती हो

मैं न सरल सरिता की धारा
जो लहरों में लहराती हो
मैं हूँ आज प्रवाहित जग में,
जग के कोने-कोने में सखि,
मुझको तुम पंछी मत मानो
नवजीवन का गान मान लो

(3)

मेरे नयन-गगन में सजनी
सजल-श्याम घन घिर आए हैं
आज धरातल पर जीवन के
बार-बार जो फिर आए हैं
मेरे मन की इस करुणा को
तुम अपना सावन मत मानो
अपनी आँखों से युग-युग की
तुम अपनी पहचान मान लो

(4)

मैं तो हूँ निस्सीम व्योम में
दिनपति की फेंकी चिनगारी
मुझे जान-भर लेने की भी
हो सकती लालसा तुम्हारी
मुझको तुम मत मानो सजनी
एक अखंड उगा ध्रुवतारा

मुझे दूर पर बढ़ा आ रहा
कल का दिन छविमान मान लो

(5)

जैसे तिमिर एक पर्दा है
मटमैला-सा काला-काला
वैसे ही पर्दा ही है सखि
सूर्य-चन्द्र का यह उजियाला
तुम मेरी मान्यता न मानो
मत मानो मेरे विचार तुम
मान सको तो मेरा इतना
जीवन का अनुमान मान लो

(6)

मैं तो हूँ वसन्त की गायक
प्राणमयी मतवाली कोकिल
मुझसे परिचित है वन सारा
मुझे जानती है मलयानिल
मुझको तुम मत मानो सजनी
किसी डाल का फूल छबीला
पतझड़ में सुनसान गली का
एक पथिक अनजान मान लो

(7)

चारु चाँदनी का घन-घूँघट
डाले रजनी घूम रही है
जीवन-वन में बनी बावली
तरु-छाया-सी झूम रही है
सजनि, चाँदनी के पर्दे में
मुझको छिपा हुआ मत मानो
मैं तो दूर क्षितिज पर बैठा
आज लिए अरमान, मान लो

(8)

बहा रही है आज मुझे ही
मेरी चिन्ताओं की धारा
लहरों के उस ओर छिप रहा
मेरे जीवन का ध्रुवतारा
चिन्ता, आशा औ' अभिलाषा
मेरी तुम मत मानो सजनी
इतने बड़े जगत में तुम इस
स्नेही को हैरान मान लो

(9)

तुम मेरी वन्दना न मानो
तुम मेरी कल्पना न मानो

कहा चाहता हूँ इतना ही
मैं जो हूँ उसको पहचानो
शैल-शिखर-सा ऊँचा हूँ सखि
पर मुझको मत मानो गिरिवर
मुझको तुम अपने चरणों में
झुका हुआ अभिमान मान लो

(10)

आँचल में तुम दीप छिपाए
मेरे मन-मन्दिर में आओ
ज्योति-दीप्ति की लहर-लहर से
मेरा जग-जीवन नहलाओ
मेरे जीवन के घेरे को
कहीं चमन मत मानो सजनी
मेरे आँगन को दुनिया की
एक गली सुनसान मान लो

तुम और मैं

आ रहे तुम बनकर मधुमास
और मैं ऋतु का पहला फूल

(1)

घने तुम काले-काले मेघ
उठे हो आज बाँध कर दुन्द
और मैं उठा पवन से सिहर
थिरकता धारों पर जल-बुन्द
बने तुम गगन, गगन-मुख चन्द्र
चन्द्र की किरण, रेशमी डोर
और मैं तुम्हें देखने बना
मुग्ध दो नयन, नयन की कोर
सबल तुम आगे बढ़ते चरण
और मैं पीछे पड़ती धूल

(2)

तरुण तुम अरुण किरण का बाण
कठिन मैं अन्धकार का मर्म

मधुर तुम मधुपों की गुंजार
और मैं खिली कली की शर्म
दूर की तुम धीमी आवाज
गूँजती जो जग के इस पार
रात की मैं हूँ टूटी नींद
नींद का बिखर गया संसार
चपल तुम बढ़ती आती लहर
और मैं डूब रहा उपकूल

(3)

सुभग तुम झिलमिल-झिलमिल प्रात
प्रात का मन्द-मधुर कलहास
गहन मैं थकी झुटपुटी साँझ
उतरती तरु-कुंजों के पास
सघन तुम हरा-भरा वन-कुंज
कुंज का मैं गायक खग-बाल
तुम्हारा जीवन मेरा गान
और मेरा जीवन तरु-डाल
पुरुष तुम फैला देते बाँह,
प्रकृति मैं जाती उन पर झूल।

(4)

प्रबल तुम रोज पवन की फूँक
फूँक से उठा हुआ तूफान

और मैं थर-थर कम्पित दीप
दीप से झाँक रहा निर्वाण
कुशल तुम कवि-कुल-कंठाभरण
और मैं एक तुम्हारा छन्द
जन्म तुम बनने का शृंगार
मरण मैं मिटने का आनन्द
सरल तुम प्रथम बार का ज्ञान
और मैं बार-बार की भूल

(काशीराम-पुरस्कार-प्राप्त)

मैं प्यार माँगता हूँ

(गीत)

(1)

मुझको प्रकाश दे दो
अपने करुण नयन का
मुझको प्रकाश दे दो
मैं प्यार माँगता हूँ
मनुहार माँगता हूँ
बस दो युवा-हृदय का
संसार माँगता हूँ
अपने किशोर मन का
मुझको निवास दे दो

(2)

मुझमें स्वरूप भी है
शृंगार-रूप भी है
मेरा हृदय अनूठा
जग में अनूप भी है

अपने नयन-सुमन का
मुझको सुवास दे दो

(3)

छाया घना अँधेरा
रे दूर है सबेरा
आलोक खोजता है
इस बार पन्थ मेरा
उन्मुक्त शशि-किरण का
मुझको सुहास दे दो

(4)

तुम ज्यों अगाध सागर
तुम ज्यों अपार अम्बर
मैं त्यों तरंग चंचल
मैं त्यों विहंग सुन्दर
अपने उदधि मगन का
अपने विमल गगन का
मुझको विलास दे दो
मुझको हुलास दे दो

विहँस रही नव कलिका

(गीत)

बकुल-मुकुल-गन्ध अन्ध कुंज-कुंज डोले
अरुण-तरुण किरण-संग तिमिर-पुंज डोले
मधुप मुग्ध झूम रहे
फुल्ल कुसुम चूम रहे
कर में मधुपात्र लिये
द्वार-द्वार घूम रहे
विहँस रही नव कलिका द्वार बन्द खोले
मन्द-मन्द पवन चले
विरही मन बिरह जले
वन-निकुंज गूँज रहे
हलचल है वृक्ष-तले
निद्रा से जाग बाल-पंछी वन बोले

जीवन-वीणा से

मेरी वीणा, बजो न डुङ्-डुङ् काँपे-सिहरें तार
तुम गूँजो, मैं गूँजूँ, गूँजे अखिल-निखिल संसार

(1)

यह वसन्त-दिन हँसता आया, हँसती आई रात
निर्मल सरसी के दर्पण में हँसे खिले जलजात
इस वसन्त-आनन्द-केलि में भरो मधुर झंकार
तुम गूँजो, मैं गूँजूँ, गूँजे अखिल-निखिल संसार

(2)

कुंज-कुंज पीताम्बर उड़ता, बही वसन्त-समीर
इस वसन्त में भर-भर आए छवि-सरिता के तीर
तेरी झंकारों से खेले रस-सागर का जवार
मेरी वीणा, बजो न डुङ्-डुङ् काँपें-सिहरें तार

(3)

नव वसन्त तरु-पत्र-सुमन नव, यह संसार नवीन
कुंज-कुंज बज रही भृंग की मन्द-मधुर लघु बीन
यह वसन्त-श्री फुल्ल कुसुम, तुम भौंरों की गुंजार
मेरी वीणा, बजो-न डुङ्-डुङ्, काँपें-सिहरें तार

(4)

आज चढ़ रही जीवन-तरु पर सरल प्रेम की बेल
कुंजों के महलों पर चढ़ते खिले सुमन हँस-खेल
इस वसन्त में चढ़ें तुम्हारी वीणा के भी तार
तुम गूँजो, मैं गूँजूँ, गूँजे अखिल-निखिल संसार

प्रिय-आगम की धूम-धाम में

(गीत)

गूँज उठा मेरा मन-मन्दिर
प्रिय-आगम की धूम-धाम में, जीवन चंचल, मन है अस्थिर
बजी किसी की मंजुल पगध्वनि
बजी किसी की प्रीति-बाँसुरी
क्षण में ही कण-कण में व्यापी
तृष्णाओं की नृत्य-माधुरी
जीवन की साधना अकलुषित, धूप-गन्ध बन आई घिर-घिर
तरुवर होता, शीश झुकाता
लिए हाथ में मधुर फूल-फल
निर्झर होता, धोकर प्रिय के
चरण और भी बनता निर्मल
मैं प्रिय का प्रिय, मैंने प्रिय को मंत्रमुग्ध बन ताका फिर-फिर

मैं प्रकाश से खेल रहा हूँ

मैं प्रकाश से खेल रहा हूँ

(1)

ज्योति-तिमिर की आँखमिचौनी
होती है मेरे आँगन में
कर शृंगार ज्योति हँसती है
तिमिर चकित-लज्जित मन-मन में
मेरे शून्य कक्ष में रवि की
स्वर्ण किरण इठलाती आती
कुंज-कुंज सो रहे तिमिर के
कानों में बाँसुरी बजाती
सिर पर तम का जाल ओढ़कर
मैं प्रकाश से खेल रहा हूँ

(2)

श्वेत-नील पट पहन खड़ी है
लज्जित-अवगुंठित दिग्बाला

निर्मल सरसी के दर्पण पर
झुकी हुई ऊँची गिरिमाला
फूलों के हिंडोल लगे हैं
वन में, वन के गृह-आँगन में
कलियाँ झूल रहीं हँस-हँसकर
प्रथम-प्रथम अपने यौवन में
मैं अपनी प्यासी आँखों पर
बाण फूल के झेल रहा हूँ

धारों की ओर

नाव को मेरे माझी आज, बढ़ा ले चल धारों की ओर
यहाँ पर दरिया है सुनसान
यहाँ पर कम पानी का जोर
हवा की हलकी है झकझोर
लहर के धक्के हैं कमजोर
यहाँ पर सोया है तूफान
यहाँ सूनी दरिया का छोर
यहाँ पर मँडराती है लहर
तीर से टकराते हैं शोर
चला दे मस्ती में पतवार लहर की बौछारों की ओर
हवा के झोंकों में अब झूम
नाचती हुई लहर को चूम
जरा हम भी तो देखें आज
यहाँ आँधी-पानी की धूम
गरजते तूफानों से खेल
यहाँ लहरों-धारों में घूम
उमड़ते दरिया-दिल का राज
हमें भी करने दो मालूम

उड़ा दे आज हवा में पाल लहर की ललकारों की ओर
उड़ेगी पाल बढ़ेगी नाव
चलेंगे हम लहरों को चीर
ठोकरों से फूटेगी धार
लहर की टूटेगी जंजीर
लहर से भिड़ना है तदबीर
डूब जाना तो है तकदीर
बढ़ेगा अपना बेड़ा आज
लड़ेगी किस्मत से तदबीर
तान दे अपना सीना आज धार की तलवारों की ओर

ज्ञानी और मस्त

तुम्हारी इतनी सच्ची बात उड़ा दी हँसकर मैंने आज

(1)

कहा तुमने कि हुआ है जन्म
और अब निश्चय समझो मरण
निठुर कोई हाथों से खींच
फाड़ देगा जीवन-आवरण
कहा तुमने कि मिलेगा तुम्हें
भाग्य पर लिखा वज्र का लेख
और तुम रह जाओगे चकित
जन्म को समझ, मरण को देख
किन्तु मैं तुम पर हँसता रहा और मुझ पर मुस्काया 'ताजमहल'

(2)

कहा तुमने कि कभी यह धूल
सजी थी बनी फूल की कली
चला तूफान, उड़े जब पात

कली भी साथ-साथ उड़ चली
कहा तुमने कि वही यह धूल
आज किससे पहचानी गई
एक ही लोक, एक ही राह
बुढ़ापा चला, जवानी गई
बना था मैं पत्थर-सा ठोस, तुम्हारी टूट गिरी आवाज

(3)

कहा तुमने कि खड़े हैं यहाँ
खँडहर पर ये ऊँचे महल
मरण की गोदी में हो रही
यहाँ पर बस क्षण-भर की चहल,
कहा तुमने कि बनेगा यहाँ
खँडहर और कभी फिर नया
हँसी में मेरी फिर इस बार
तुम्हारा सकल ज्ञान उड़ गया
हँसी का खेल मुझे मालूम, तुम्हें मालूम हँसी का राज

(4)

ज्ञान तुम मुझसे कहते रहे
और मैं तुम पर हँसता रहा
सोचते रहे खड़े तुम तीर
और मैं अलमस्ती में बहा
एक दिन ऐसा भी आ गया

चले तुम, चला तुम्हारा ज्ञान
और मैं हँसते-हँसते बढ़ा
किया हँसते-हँसते विष-पान
झूम कर मैं पीता था जाम, लड़ाते तुम बैठे अन्दाज

मेरे पथ में रात अँधेरी

खोज रहा झिलमिल प्रकाश मैं, मेरे पथ में रात अँधेरी
मैं धुन में चल पड़ा अकेला बनकर साधक निर्मम-निष्ठुर
मेरे चारो ओर तिमिर, पर आलोकित मेरा अन्तःपुर
है झर-झर निर्झर-सी मेरी जीवन-सरिता आकुल-आतुर
जितनी काली आज यामिनी, उतना उज्ज्वल है मेरा उर
जीवन बनती चली जा रही, यह मेरी छन-छन की देरी
भाव-भरी सुन्दर विभावरी, निद्रा-आलस के सम्मोहन
मधुर श्रान्ति की मधुमाया में उलझ रहा था मतवाला मन
जब शीतल-शीतल झोंकों से रोमांचित हो गिरिवन-उपवन
तब क्या सम्भव था कि जागता मेरी आँखों में नवचेतन
पर क्षण-भर भी सुख-शय्या पर झिंप न सकीं ये आँखें मेरी
जब मैं बाहर हुआ द्वार से नभ में झलक रहे थे तारे
दीवट पर रख दिए दीप थे घूम किसी ने द्वारे-द्वारे
छाया-सी निष्पन्द मौन हो, शीतल मन्द समीर-सहारे
मेरी नाव पड़ी थी सम्मुख उस अगाध तम-सिन्धु किनारे
तिमिर-गर्भ की ओर उछल कर मैंने अपनी नौका फेरी
निज आँखों का स्वप्न खोजता चला आज मैं अन्धकार में
नौका मेरी मचल-मचल कर चली खेलती बीच धार में

मैंने देखा, लहराता है तम का सागर प्रबल ज्वार में
दुनिया रहती उन्मन-उन्मन युग-युग से उसके कछार में
मुझे चाहिए ज्योति-दीप्ति पर मिलती मुझको पीर घनेरी
जीवन के इस अन्धकार में अब पूछो, मैंने क्या पाया
जगती की सौन्दर्य-मूर्ति पर कुटिल नियति की काली छाया
ज्योति माँगती है चिरप्यासी तिमिरग्रस्त जगती की काया
मिलती उसको दैवयोग से कभी-न-खुलनेवाली माया
अभी पड़ा मैं वहीं जहाँ पर संध्या ने थी धूल बिखेरी

करुणा

मेरी इन आँखों की करुणा गंगा-यमुना-सी होती हो
यह अश्रु छिपा है आँखों में मेरे जीवन का मोती हो

(1)

जब नभ के सघन किरण-कुंजों में नीला आँचल उड़ता है
तब सागर की चंचल लहरों में मेरा हृदय उमड़ता है
तब नयन नयन से जुड़ता है
मेरी जलधारा ज्वार बनी नभ-आँचल-छोर भिगोती हो

(2)

जब उषा उनींदी आँखों से उस प्राची की खिड़की खोले
तब जीवन-वन के कुंजों में यह प्राणों की कोकिल बोले
काली - काली छाया डोले
जैसे तारों की छाया में रजनी शृंगार सँजोती हो

(3)

तुम गाओ जब मेरा गायक कवि क्षण-भर को चुप्पी साधे
तुम आओ जब तुमको मेरे इन नयनों का बन्धन बाँधे
जब आना तुमको शोभा दे
तुम देखो जब मेरी आशा कागज की नाव डुबोती हो

(4)

मेरा प्रकाश उर-अम्बर का अहरह जलता ध्रुवतारा है
मेरा जीवन गतिमान सदा झर-झर निर्झर की धारा है
जग केवल कूल-किनारा है
मेरी उमड़ी बरसात निठुर अन्तर का पाहन धोती हो

(5)

जीवन में मेरे प्राण विहँस कर नव-प्रभात की किरण बने
मेरी संध्या के गान दूर से घर को आते चरण बने
जीवन झिलमिल आवरण बने
मेरी सुधि काली रात बनी नभ के तारों में रोती हो

दोपहरी

(गीत)

(1)

मुझसे पिछड़ गया है
मेरा सुभग सबेरा
मुझसे पिछड़ गया है
चमका सुवर्ण-काया
फैला मनोज्ञ माया
मेरा प्रभात हँसता
आया, मुझे जगाया
मेरा वही सबेरा
मुझसे पिछड़ गया है

(2)

मैं हूँ अशान्त पथ पर
रवि है कठोर सिर पर
जब आज देखता हूँ
चहुँ ओर सिर उठाकर

मेरा सुभग सबेरा
मुझसे पिछड़ गया है

(3)

मैं आज झूमता हूँ
रवि-रश्मि चूमता हूँ
मन में लिए उजाला
अलमस्त घूमता हूँ
निशि का घना अँधेरा
मुझसे पिछड़ गया है,

(4)

यह नयन-नीर सूखा
यह सिन्धु-तीर सूखा
इस धूप में दिवा की
मानस गम्भीर सूखा
जल का क्षणिक बसेरा
मुझसे पिछड़ गया है

(5)

मध्याह्न प्रौढ़ बेला
मैं आज हूँ अकेला
सुख से अपार दुख से
खेले चला अकेला

पिय का असीम घेरा

मुझसे पिछड़ गया है

(6)

मैं हृदय झाँकता हूँ
मैं हृदय आँकता हूँ
तजकर स्वरूप सुन्दर
मैं हृदय ताकता हूँ
जग का चतुर चितेरा
मुझसे पिछड़ गया है

(7)

मन की न प्यास बुझती
कण की न प्यास बुझती
क्षण-भर बनी जवानी
क्षण की न प्यास बुझती
जीवन-प्रवाह मेरा
मुझसे पिछड़ गया है

स्व. रवीन्द्रनाथ ठाकुर

भव्य भारती की वीणा का एक गूँजता तार सो गया
अस्त हुआ रवि दूर क्षितिज में, तिमिरग्रस्त संसार हो गया
उस युग को हम अभी न भूले
प्रथम फूल मधुऋतु के फूले
जब नैसर्गिक गान तुम्हारे
कुंजों के पलनों पर झूले
गान तुम्हारा विश्व-कुंज के मधुपों की गुंजार हो गया
कलरव गूँजा विपिन-विपिन में
व्यापा जग में सरित्-पुलिन में
कोटि-कोटि कंठों में बसता
चला गूँजकर पल में छिन में
मृदु आघात तुम्हारे मन का, वीणा की झंकार हो गया
तुमने बिखरे तार मिलाए
तुमने सोए प्राण जिलाए
शून्य मन्दिरों में तुमने कवि,
जीवन के नवदीप जलाए
गीत तुम्हारा, मानवता का घोषित जय-जयकार हो गया

तुमने 'रवि', रवि-शशि को पूजा
नहीं महाकवि, तुम-सा दूजा
अपने कवि-वाणी-वन्दन से
तुमने पूजी तरणि-तनूजा
जग के लिए तुम्हारा वन्दन, वाणी का शृंगार हो गया

अमर तुम्हारा शान्ति-निकेतन
बसा विश्व का तरु-छाया बन
तुमने जिसे रुधिर से सींचा
जिसको दिया जन्म-फल जीवन
मुकुट तुम्हारा उस कुटीर का तोरण-वन्दनवार हो गया

तुम 'अपने' थे बंग-देश के
तुम स्वदेश के तुम विदेश के
तुम नायक थे युग असीम के
तुम गायक थे युग अशेष के
नवयुग का वह ज्योतिर्धर कवि अन्धकार के पार हो गया

जिसने कीर्ति देश की गाई
विश्व-प्रेम की तान सुनाई
गा-गाकर जागरण-गान की
अखिल विश्व में लहर बहाई
वही विश्व-कवि आज विश्व में गंगा की जलधार हो गया

कालिदास तुम, तुम कबीर थे
तुम तुलसी गम्भीर-धीर थे
तुम गायक कविश्रेष्ठ सूर के
नयनों के दो बूँद नीर थे
आज वही कवि जग-जीवन की सरिता के उस पार खो गया

मणि-से उसके काव्य अलंकृत
उसके प्राण बीन-से झंकृत
दिगदिगन्त में लोक-लोक में
उसके अमर गान थे मुखरित
गा-गाकर कवि बना हुआ था, चुप होकर संसार हो गया
वह था वीणा-पुस्तक-धारी
अखिल विश्व का कवि अवतारी
वेदी पर कर गया आरती
वह साधक साहित्य-पुजारी
वह सरस्वती के चरणों पर फूलों का उपहार हो गया
वह कवि आज चिता से चिपटा
लाल-लाल लपटों से लिपटा
जीवन की गोदी से उछला
और मृत्यु-रूपसि पर झपटा
कविता उसकी गूँज रही, कवि ज्वलित राख-अंगार हो गया
वह गाता था सब गाते थे
उसमें अपनी छवि पाते थे
उसके गान हृदय को छूकर
चिन्तनशील बना जाते थे
आज मौन उस गायक कवि का, जग का हाहाकार हो गया।

अम्बर

(गीत)

(1)

अम्बर सुनील में है
साकार स्वप्न मेरा
अम्बर सुनील में है
मेरी ज्वलन्त प्राची
मेरी विमन प्रतीची
मेरे किशोर खग की
वह क्षितिज-नीड़ नीची
मेरा सुभग सबेरा
अम्बर सुनील में है

(2)

स्वच्छन्द कल्पना के
मैंने विहग उड़ाए
हर बार जो गगन का
श्रृंगार देख आए
मेरा सुखद बसेरा
अम्बर सुनील में है

(3)

तस्वीर जो बनी है
मेरे खुले नयन में
उसको सजीव करता
कोई वहाँ गगन में
मेरा चतुर चितेरा
अम्बर सुनील में है

(4)

जिस विश्व-सुन्दरी का
नक्षत्र आभरण है
यह चन्द्रिका सुहासिनि
जिसकी निरावरण है
उसका हजार फेरा
अम्बर सुनील में है

(5)

संगीत मन्द मुखरित
जो नील व्योम में है
जिसकी हिलोर मेरे
प्रति रोम-रोम में है
वह प्राण-वेणु मेरा
अम्बर सुनील में है

जग से हम से दो दिन न बनी

(रुबाइयाँ)

(1)

जब खोज रहे थे जीवन में हम प्रेम-कुंज की छाँह घनी
उस समय अकारण ही हम पर जग की नंगी तलवार तनी
हम डाल-डाल जग पात-पात, बस एक जगह हम मिल न सके
बीते युग, बीत चला जीवन, जग से हम से दो दिन न बनी

(2)

यम-नियमों में हम बँध न सके, जीवन की निधि वारी न गइं
सच तो यह है, मन से मन की ममता क्षण-भर मारी न गई
मतवाला जग इस ओर चला, मतवाले हम उस ओर चले
हम से बाजी जीती न गई, जग से बाजी हारी न गई

(3)

अफसोस नहीं इसका हमको, जीवन में हम कुछ कर न सके
झोलियाँ किसी की भर न सके, सन्ताप किसी का हर न सके

अपने प्रति सच्चा रहने का जीवन-भर हमने यत्न किया
देखा-देखी हम जी न सके, देखा-देखी हम मर न सके

(4)

जीवन का बोझा ढोकर हम खिल रहे फूल की मारों में
मिल रहे सरल उपहारों में घुल रहे मधुर मनुहारों में
जब इधर देखने वालों ने आँखों में अनुपम छवि देखी
मनमारे नंगे पाँव उधर चलते थे हम अंगारों में

(5)

देखा चाहें हम कई जगह, पर जन्म-मरण की राह एक
समझा चाहें हम कई राज, पर हृदय एक रे चाह एक
पूछा जाता है हमसे ही फिर बार-बार जीवन-परिचय
हर बार निकलती है मुँह से उत्तर में केवल आह एक

बीन पर सो जाऊँगा मौन

आज मैं गाता सुख के गान और कल हो जाऊँगा मौन

(1)

बनाई मैंने अपनी कुटी
सँजोए जीने के सामान
जहाँ सुन पड़े प्यार के बोल
और गूँजे कुछ गुनगुन गान
दिखाया सब को मैंने घूम
हुए पूरे मेरे अरमान
कभी आएगी ऐसी घड़ी
रहेगी बस मेरी पहचान
छोड़कर मुझे देखती कुटी
दूर वन को जाऊँगा मौन

(2)

चमन के एक फूल को चूम
किया मैंने भी दो क्षण प्यार
बिठाकर घर में प्रतिमा एक
बसाया सोने का संसार

सही फिर कठिन वज्र की चोट
प्रेम-फूलों की मीठी मार
रुँधेगा कभी सुरीला कंठ
कंठ का टूटेगा गलहार
पाप सम्पूर्ण, अधूरा प्यार अश्रु से धो जाऊँगा मौन

(3)

उँगलियों के छूते ही आज
हुई मुखरित जीवन की बीन
अधर पर हास नयन में अश्रु
लिये मैं हुआ गान में लीन
और क्षण-क्षण पर चलते रहे
राग पर राग गीत पर गीत
कभी आएगी ऐसी घड़ी
बन्द हो जाएगा संगीत
लगेगी ऐसी गहरी नींद, बीन पर सो जाऊँगा मौन

(4)

जन्म है प्रथम जान-पहचान
मरण जाना-पहचाना हुआ
बीच का है जीवन, कुछ देर
ठहर वैसे रुक जाना हुआ
किसी ने हो पर्दे की ओट
पुकारा एक-एक का नाम

प्यालियाँ लुढ़कीं, भगदड़ मची
मचा सूने घर में कुहराम
लगेगी वहाँ घाट पर भीड़, भीड़ में खो जाऊँगा मौन

(5)

मिलेगी एक जनम को अवधि
मरण को चिरवांच्छित त्योहार
और जीवन को पूर्ण विराम
जगत को करुण विदा का भार
रुकेगी बहती सरिता एक
कटेगी एक पेड़ की डाल
चलेगी कभी पवन-झकझोर
उड़ेगा पिंजड़े से खग-बाल
मिलेगी मुझे चिता पर आग, लिपट कर रो जाऊँगा मौन

मैंने एक परी देखी है

मैंने यौवन की लहरों में झिलमिल स्वर्ण-तरी देखी है

(1)

घूँघट था तारों के नभ-सा, मेघ-खंड-सा उड़ता आँचल
उस घूँघट के झीने पट से झाँक रहा था शशि-मुख उज्ज्वल
जग में उसकी नई जवानी पूनो की चाँदनी बनी थी
उसकी छवि यौवन-वसन्त में फूलों-सी निखरी देखी है

(2)

जीवन यह उसका गुलाम था, यह दुनिया थी धूल पाँव की
शहर देखते थे उसका मुँह, वह तरुणी थी किसी गाँव की
उसमें छवि-सौन्दर्य भरा था, पर अबोध थी वह मृगनैनी
मिट्टी के दीपक पर मैंने बाती नई धरी देखी है

(3)

छिपा रही थी पूर्ण चन्द्र को उसकी काली-काली अलकें
बाट जोहती थीं बालम की बैठ-बैठ उठ-उठकर पलकें

मधुर मौन थी उसकी वाणी, बजती थी अन्तर की वीणा
जीवन के पनघट पर मैंने छलक रही गगरी देखी है

(4)

नव वसन्त दे गया रूप था, ग्रीष्म दे गई थी अभिलाषा
पावस ने था दिया उसे दिल, फूलों ने नयनों की भाषा
वह तो गुमसुम थी, सहमी-सी, जैसे होते तार बीन के
वीणा पर बज रहे गीत की एक कड़ी बिखरी देखी है

(5)

मन्द मधुर उसका हँस पड़ना, फुदक-फुदककर उसका चलना
कह पाऊँ तो कहूँ कि थी वह एक साथ ही कलना-छलना
चलती थी, आलम चलता था, रुकती थी, रुकता था आलम
यौवन की गहरी गंगा में एक चपल लहरी देखी है

(6)

वह चलती थी तो दिशि-दिशि से जय-जयकार मचा देती थी
बिना छुए ही मुग्ध हृदय के सोए तार बजा देती थी
मैं न गया था अमर लोक में, मिली न मुझको सरस सुधा थी
अपने रामझरोखे से ही मैंने एक परी देखी है।